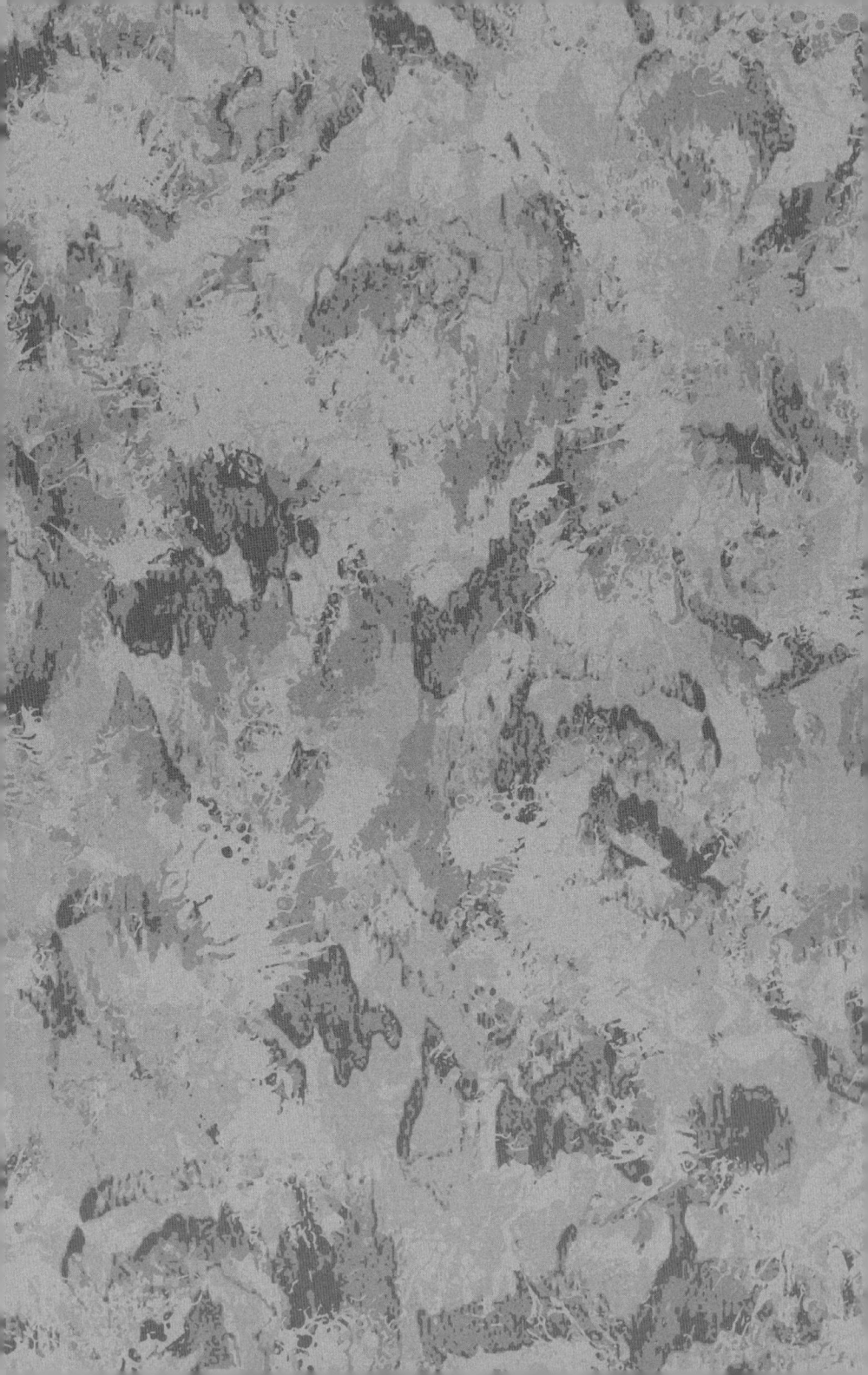

위태로운 감정을 다스리는
삶을 위한 안내서

Original Japanese title:
KANJO NO TETSUGAKU NYUMONKOGI

Copyright © 2021 Tohru Genka
Original Japanese edition published by Keio University Press Inc.
Korean translation rights arranged with Keio University Press Inc.
through The English Agency (Japan) Ltd. and Danny Hong Agency

이 책의 한국어판 저작권은 대니홍 에이전시를 통한
저작권사와의 독점 계약으로 (주)필름에 있습니다.
저작권법에 의해 한국 내에서 보호를 받는 저작물이므로
무단전재와 복제를 금합니다.

매일을 버텨내고 있는 당신에게 필요한

위태로운 감정을 다스리는 삶을 위한 안내서

겐카 도루 지음 · 박은주 옮김

필름

일러두기

- 각 강의 첫 페이지에서 강의 개요를 설명함에 따라 원서의 1강 〈강의개요〉는 삭제하였습니다.
- 원서의 본문 내 인용문헌 출전 표기는 생략했습니다. 참고문헌에 대해서는 권말 일람을 참조해 주시기 바랍니다.
- 이 책은 2022년 출간된 《감정의 철학 수업》의 개정판입니다.

프롤로그

이 책은 감정이나 철학에 처음 흥미를 느끼게 된 사람들이 그것을 쉽게 알도록 하기 위해 쓴 것입니다. 그러므로 이 책을 읽기 위해서는 감정이나 철학에 대한 어떤 사전 지식도 필요 없습니다.

이 책은 '감정'에 초점을 맞추고 있지만, 철학뿐 아니라 심리학, 신경과학, 문화인류학, 진화생물학 등 다양한 분야의 감정 연구를 소개합니다. 즉 가능한 한 다양한 관점에서 감정을 생각하고 다루고자 합니다. 그렇기에 감정에 흥미가 있는 모든 사람을 위한 책입니다.

다만 어디까지나 입문서이기에 "이것이 유일한 답이다!"라고 이야기하지 않습니다. 또한 저의 독자적인 주장도 별로 없습니다. 이 책의 목적은 현대 감정 연구를 대략적으로 살펴보는 것입니다. 그리고 서로 대립하고 있는 이론들의 이야기와, 어떤 이론이 옳은지에 대해 아직 합의되지 않은 이야기도 소개합니다.

이 책은 감정을 주제로 한 철학 입문서입니다. 철학이란 실생활과는 관계가 적고 매우 추상적이며 어려운 이야기라는 인상이 있을 수 있습니다. 반면에 감정은 누구나 갖고 있는 매우 친숙한 것입니다. 감정과 철학을 조합한 이 책을 읽으면 감정이라는 매우 친숙한 소재를 입구로 삼아 어렵고 낯선 철학의 세계에 들어갈 수 있습니다.

또한 이 책은 제가 지금까지 여러 대학에서 일반교양 과목을 강의한 내용을 정리한 것입니다. 대학의 일반교양 강의는 모든 학부의 학생을 대상으로 합니다. 문학부뿐만 아니라 법학부, 상학부, 경제학부, 이공학부, 의학부, 예술학부 등 여러 학부의 학생들이 수강합니다. 대부분의 학생은 감정 연구나 철학에 대한 사전 지식 없이 그저 강의 계획서를 읽고 재미있을 것 같아서 수강 신청을 했다고 합니다. 이처럼 처음 배우는 사람을 위해 강의한 내용을 썼기 때문에, 감정도 철학도 이 한 권으로 대략 알 수 있을 것입니다.

총 열다섯 번의 강의로 구성했고, 각각의 강의는 비교적 독립된 주제를 가집니다. 열다섯 번의 강의는 대학의 한 학기 수업에 해당합니다. 따라서 이 책을 읽으면 '대학 강의는 이렇구나'라며 분위기를 알게 될 것입니다. 감정이나 철학 분야에서 수업을 하는 사람이라면 수업을 계획할 때 참고할 수도 있겠지요.

감정 연구에 대해 잘 아는 사람이라면 이 책의 내용에서 부족함을 느낄 수도 있습니다. '이 이론은 조금 별로야',

'보다 유력한 이론이 소개되지 않은 이유는 뭘까?' 같은 의문을 품을 수도 있겠지요. 물론 이 책에서 다루지 못한 이야기도 많이 있습니다.

그렇다고 할지라도 이 책은 입문서이고 감정 철학의 기본을 전달하는 것을 목적으로 합니다. 따라서 전문적인 주제까지는 다루지 못했지만, 그것에 발을 들이는 발판이 되었다고 생각합니다. 마지막에 더 전문적인 이야기를 알고 싶은 사람들을 위한 문헌들을 소개하고 있으니 부족하다고 생각하시는 분들은 그 책들도 꼭 읽어보시길 바랍니다.

그럼 이제 감정의 철학 세계로 들어가봅시다.

contents

프롤로그 · 5

1강 감정의 철학 세계에 오신 것을 환영합니다

우리는 모든 순간에 감정을 느낀다 · 15
철학에 대해 우리가 알아야 할 것들 · 18
'감정'이라는 단어에 대해 · 27

2강 감정의 본질이란?

본질을 찾아내는 법 · 33
감정의 본질로 여겨지는 몇 가지 · 38
위험을 모르면 공포도 없다 · 45

3강 신체 반응을 중시하는 감정 이론

제임스—랑게 이론: 몸의 반응이 먼저다 · 53
사고실험으로 이론을 뒷받침하기 · 57
정말 신체 반응이 감정의 전부일까? · 65

4강　　인간의 사고를 중시하는 감정 이론

마음을 특징짓는 '지향성' · 73
감정이란 신체 반응과 사고가 조합된 것 · 79
언어를 알아야 사고할 수 있을까? · 84
감정의 본질을 다시 생각해보자 · 90

5강　　감정은 어디까지 맞고 어디까지 틀릴까?

감정은 객관적인 가치에 반응한다 · 95
옳은 감정과 틀린 감정 · 101
학습하지 않아도 느끼는 기본 감정 · 106
어떤 대상이 지닌 심리적인 힘 · 110

6강　　감정이 복잡해지는 패턴 세 가지

기본 감정들이 섞여 새로운 감정으로 · 115
사고 수준이 높을수록 감정은 복잡해진다 · 119
감정에 영향을 주는 문화 이야기 · 129

7강   무의식적 감정과 로봇의 감정

느껴지는 감각과 느껴지지 않는 무의식 • 137

감정은 무의식중에도 역할을 다한다 • 141

로봇에게도 감정이 있을까? • 146

의식의 어려운 문제 • 152

8강   타인의 감정을 보는 일

타인의 마음에 관한 회의론, 타아문제 • 159

타인의 감정을 착각할 때 • 164

표정은 감정의 표상일까? • 167

표정은 감정의 일부 • 172

9강   감정과 기분, 감정과 고통에 대해

감정과 기분을 나누는 기준 • 179

왜 우울해질까? • 187

고통의 감정적 측면 • 193

10강　감정과 이성은 대립하는 걸까?

감정은 합리적이지 않다? • 199

뇌의 '이곳'이 손상되면 인격이 바뀐다 • 204

두 개의 마음 시스템 • 211

11강　감정과 도덕의 관계

도덕적 판단에 따른 행동에 대해 • 221

트롤리 딜레마의 두 가지 시나리오 • 225

공리주의와 의무론 사이에서 • 229

도덕적 판단에 감정이 얼마나 영향을 미칠까? • 232

12강　공포를 일부러 추구하는 모순된 감정

부적 감정의 역설 • 241

소거법: 사실은 무섭지 않다 • 248

보상설: 공포와 기쁨을 동시에 느낀다 • 253

왜 일부러 공포 영화를 보는 걸까? • 257

13강　허구를 느끼는 감정

허구의 역설 • 263
착각설: 허구와 현실을 혼동한다 • 267
역할놀이설: 무서운 척할 뿐이다 • 272
사고설: 떠올리면 무서워진다 • 276
두 가지 역설을 함께 생각해보기 • 279

14강　유머가 만드는 감정

유쾌한 감정에 대해 • 283
웃음과 커뮤니케이션 • 287
유머를 설명하는 몇 가지 주장 • 291
불일치를 더 들여다보기 • 297

15강　마지막 강의

감정을 다스리는 일 • 303
도움이 될 만한 읽을거리 • 307

에필로그 • 311
참고 문헌 • 312

1강

**감정의 철학 세계에
오신 것을 환영합니다**

여러분, 반갑습니다. 이 책의 주제는 감정의 철학입니다. 감정이란 무엇일까요? 지금부터 그 답을 철학의 관점에서 살펴보고자 합니다.

철학은 왠지 어려운 단어가 툭툭 튀어나와 딱딱하다고 생각하시나요? 이 책은 강의나 수업을 하듯 쉽게 풀어 썼으니 술술 읽을 수 있을 것입니다.

이번 강의에서는 이 책의 취지를 설명합니다.

첫째, 감정이 우리 일상에서 매우 중요한 위치에 있다는 점부터 확인합니다.
둘째, 철학은 무엇을 하는 분야인지 알아봅니다.
셋째, '감정'이라는 단어를 사용할 때 주의해야 할 점을 살펴봅니다.

우리는 모든 순간에
감정을 느낀다

기쁨, 짜증, 우쭐함… 모든 감정은 중요하다

'도대체 왜 감정에 대해 생각해야 할까?'라는 질문에서 시작해봅시다. 감정을 연구하는 일은 어떤 의미가 있을까요? 감정은 어떤 면에서 흥미로울까요? 이유를 하나 말해보자면, 감정은 우리 생활의 중심에 있다는 것입니다.

먼저 우리는 모든 순간에 감정을 느끼고 있습니다. 좋아하는 음악을 들으며 즐기거나, 붐비는 전철에서 발을 밟혀 짜증이 나거나, 우연히 들어간 식당의 음식이 맛있어서 기분이 좋거나, 늦잠을 자서 지각할까 봐 초조하거나, 회사에서 칭찬받아 우쭐해지거나, 선배의 이야기가 재미없어서 지루했던 경험들이 있을 것입니다. 얼른 그 자리에서 도망가고 싶은 부끄러운 감정부터 표정에는 드러나지 않는 약간의 어색함까지, 상황에 따라 강도나 명확성은 다르지만 잠잘

때 빼고(혹은 꿈속에서도) 우리는 항상 어떤 감정을 품고 있습니다.

또한 어떤 행동을 결정하는 데는 그 행동의 결과로 어떤 감정이 생길지 예측하는 일이 매우 중요합니다. 저녁 메뉴를 생각할 때는 되도록 맛있는 음식을 먹어서 기분이 좋아지고 싶지, 맛없는 것을 먹어서 실망하고 싶지는 않습니다. 여러분도 이런 점을 고려해서 무엇을 먹을지 결정하지 않나요? 공부나 일을 하다 잠깐 기분이 나빠졌더라도 성적이 오르거나 월급을 받았을 때의 기쁨이 더 크다고 생각하기에 싫은 일을 할 수 있는 것입니다.

다른 사람과 잘 어울리거나 회사 생활을 원만하게 하기 위해서는 자신이나 타인의 감정을 신경 써야만 합니다. 짜증을 내며 가족에게 화풀이하거나, 다른 데 정신이 팔려서 중요한 약속을 어기거나 하면 타인에게 신뢰를 잃고 맙니다. 또한 상사의 기분에 따라 눈치를 보거나, 친구의 슬픔을 알고 위로해주는 등 우리는 타인의 감정을 추측해서 그 사람을 대합니다.

더욱이 감정이 '인간다움'의 핵심이라고 생각하는 사람도 있습니다. 인간이 컴퓨터나 로봇과 다른 점으로 '마음이 있다'고 답하는 사람이 꽤 많습니다. 마음이 있다는 말의 구체적인 의미를 물어보면, 대부분 감정이 있는 것이라고 답했습니다. 컴퓨터와 로봇은 논리적인 계산으로 행동할 수밖에 없지만, 인간은 감정이나 기분을 바탕으로 행동할 수 있다는 것이지요.

감정을 알아야 하는 이유

이처럼 감정은 인간 생활의 중심에 있기에 감정이 무엇인지를 밝히기 위한 시도는 인간이 어떤 존재인지를 밝히는 일에 매우 중요합니다. 감정이 무엇인지 이해할 수 없다면 인간이 어떤 존재인지도 알 수 없습니다. 그래서 감정은 인간을 대상으로 한 모든 분야에서 연구되고 있습니다.

앞으로 철학뿐만 아니라 다양한 분야의 감정 연구를 참고 삼아 감정에 대해 생각해보고자 합니다. 예를 들어 심리학, 신경과학, 문화인류학, 생물학 같은 과학 분야의 연구 성과도 등장합니다. 다양한 방면에서 감정을 생각해보자는 것입니다.

이때 '철학과 과학은 전혀 다른 분야 아니야?'라는 의문이 들 수도 있습니다. 또한 처음으로 철학책을 읽는 사람은 '애초에 철학은 무엇을 다루는 학문이지?'라는 의문을 가질 것입니다. 이런 궁금증을 해소하기 위해서 지금부터 철학이 무엇인지 알아보겠습니다. 그 과정에서 감정을 연구하는 철학과 과학의 관계도 함께 살펴봅시다.

철학에 대해 우리가
알아야 할 것들

우리가 흔히 들어온 철학

'경영철학'이나 '인생철학'이라는 말을 쉽게 듣곤 합니다. 이런 말이 들어간 제목의 책도 꽤 있습니다. 그런 책에서는 어느 사장이나 부자의 '나는 이런 방법으로 성공했다'는 식의 성공 체험을 이야기하지요. 또한 성공한 사람이 고안해낸 비즈니스 전략, 좌우명, 법칙 등을 설명합니다.

혹은 철학자의 명언을 담은 책도 흔히 볼 수 있습니다. 예를 들어 파스칼의 "인간은 생각하는 갈대"라는 말이 유명하지요. 잘 이해는 안 되지만 이런 명언 속에 깊은 진실이 숨겨져 있지는 않을까, 인생에 필요한 교훈이 담겨 있지는 않을까 생각해보기도 합니다.

이처럼 철학에는 명언이나 격언, 확고한 신조, 양보할 수 없는 신념 등이 등장합니다. 그리고 그 말을 의심하거나 반론하는 일은 거의 없습니다. 그러나 이 책에서는 누군가의 생각에 의문이나 반론을 제기하는 경우가 종종 있습니다. 누군가의 생각을 비난하거나 무조건 반대하려는 것은 아닙니다. 단지 의문이나 반론을 통하여 올바른 답을 찾기 위해서지요.

철학은 논의를 만드는 학문

의문이나 반론을 제기하는 이유는 의견이 올바른지를 판단하여 더 나은 주장으로 개선하기 위해서입니다.

누군가가 자기 생각을 주장할 때 "이런 경우는 어떻게 해?", "이것은 반대되지 않아?" 등에 답할 수 있다면, 원래의 주장은 옳으며 설득력이 있다고 판단할 수 있습니다. 또한 바로 답하지 못해도 얼마간 생각을 정리하면서 답하기도 합니다. 이때는 원래의 주장이 개선되어 보다 올바른 방향으로 향할 수 있다고 생각하게 되지요.

말하자면 철학은 의문이나 반론을 통해 생각이나 주장을 '검증'하는 작업입니다. 어떤 주장에 대한 의문이나 반론을 받고 이에 대해 답할 수 있는 것이 철학의 기능입니다. 즉 철학은 논의를 만드는 학문입니다.

철학에서 중요한 것이 논의를 만드는 것이므로 사실 주제는 무엇이든 상관없습니다. 이 책에서는 감정을 중심으로 이야기하지만, 하자고 한다면 무엇이든 철학의 소재가 될 수 있습니다.

가끔 "철학은 답이 없어", "철학은 어떤 의견도 받아들이지"라고 말하는 사람들이 있는데 꼭 그렇지는 않습니다. 앞서 이야기했듯이 논의를 만드는 목적은 더욱 바르고 설득력 있는 생각에 도달하기 위해서입니다.

철학에 답이 없다고 생각하는 것은 아마도 '철학적인' 질문이 막연하기 때문입니다. 인간은 무엇인가, 인생의 의미는 무엇인가, 무엇이 정의인가 같은 문제는 너무 막연해서 답하기 어렵다고 생각되지요.

하지만 막연한 문제에 답할 수 없는 것은 무엇이든 마찬가지입니다. 예를 들어볼까요? 몸이 아파서 의사에게 "병이 난 것 같은데 어떻게 하면 나을 수 있을까요?"라고만 물었다고 합시다. 아마 이 질문에 바로 답해줄 의사는 없을 것입니다. 병에는 다양한 종류가 있고 관절염과 중이염, 위궤양 등은 치료법이 전혀 다릅니다. 그러므로 "어떻게 하면 병이 나을까요?"라는 질문은 너무 막연하여 답하기 어렵습니다. 이때 의사는 "어떻게 아픈지 증상을 좀 더 자세하게 말씀해주세요"라고 질문을 하거나 여러 가지 검사를 할 것입니다. 이를 통해 어떤 병인지 구체적으로 특정하고 그 병에 맞는 치료법을 시행할 수 있게 되지요.

철학도 마찬가지입니다. 정말로 '철학적인' 질문은 너무 막연해서 어떻게 답을 찾으면 좋을지, 무엇을 답하면 좋을지 알 수 없습니다. 하지만 문제를 상세하게 나눠보면 답을 찾을 수 있습니다. '인간은 무엇인가'라는 질문은 생물로서의 인간을 의미하는지, 아니면 문화적, 사회적으로 생활하는 인간을 말하는지에 따라 주어진 문제에 대처하는 방침이나 고려해야 할 사항, 그리고 답이 크게 달라질 것입니다.

이런 고찰을 겹겹이 쌓을지라도 분명 "이것이 유일한 답이다!"라고 말할 수 있는 답에는 좀처럼 도달하기 어렵습니다. 그래서 모두 그것을 목표로 논의를 합니다. 그 결과로 바른 생각이나 설득력 있는 주장들은 몇 가지로 좁혀집니다. 또한 답이 하나로 좁혀지지 않고 몇 개의 학설이 대립하는 상황은 철학뿐만 아니라 어느 분야에서든 흔히 있는 일입니다. 여기서 중요한 점은 '답이 하나로 정해지지 않는 것'과 '어떤 의견도 받아들일 수 없는 것'은 전혀 다르다는 것입니다. 설득력 있는 생각 중에서 무엇이 가장 좋은지 판단하기는 어렵지만, 설득력이 없는 생각은 바로 알 수 있습니다.

철학과 철학사

철학서라고 하면 과거의 유명한 철학자의 생각을 해설하는 책으로 생각할 수 있습니다. 데카르트는(칸트는/니체는…) 감정에 대해서 무슨 말을 했을지 알고 싶어서 이 책을 읽기 시작한 분도 있을지 모르겠네요. 그런 분에게는 아쉽지만, 이 책은 특정 철학자의 생각을 해설한 책이 아닙니다. 그런 해설은 말하자면 철학의 역사를 연구한 '철학사'가 될 것입니다.

물론 감정의 철학이 주제이니 감정의 철학사를 근거로 하는 편이 보다 좋은 책이 되겠지요. 하지만 그 이야기를 전부 하자면 책이 엄청 두꺼워질 것입니다. 한 철학자가 어떤 말을 했는지 이해하려면 그 사람이 쓴 책뿐만 아니라 그 사람에게 영향을 준 책이나 그 책이 쓰인 시대의 상식도 조사해야 하기 때문입니다. 즉 역사학의 연구 방법이 적용되어 철학과 역사학을 합친 책이 될 것입니다.

하지만 입문서인 이 책에서는 그만큼의 상세한 내용은 다루지 않습니다. 그래서 과거의 유명한 철학자의 생각을 해석하지 않고, 앞서 이야기한 '논의를 만드는' 철학의 관점에서 감정을 고찰하고자 합니다. 유명한 사람의 감정론을 설명하지 않아도 감정은 우리가 평소에 경험하는 매우 친숙한 것이기 때문에 감정을 생각하기 위한 소재는 이미 모두 갖고 있습니다.

물론 이렇게 말은 하지만 유명한 철학자의 의견이 나오는 부분도 있습니다. 그래도 어디까지나 논의를 만들기 위한 계기일 뿐입니다. 그래서 소개해 놓고 그런 의견은 진척되지 않는다고 말하는 경우도 적잖이 있을 것입니다.

오히려 여기서는 옛 철학자들의 의견보다도 심리학이나 신경과학 등 현대 과학의 마음에 관한 연구를 더 많이 참고

했습니다. 이 부분은 다음에서 더 자세하게 이야기를 나누겠습니다.

철학과 과학은 어떻게 다른 걸까?

어쩌면 철학과 과학은 전혀 다른 영역이라고 생각할 수 있습니다. 과학에서 어떤 발견을 하더라도 철학은 그것과 무관하게 자신의 의견을 말한다고 생각하는 경우도 가끔 있습니다. 더욱이 철학은 과학에서는 다루지 않는 중요하고 근본적인 문제를 다루기에 과학과는 독립된 영역이라고 생각하기도 하지요.

그러나 실제로는 그렇지 않습니다. 철학philosophy은 지식sophia을 사랑한다philein는 의미로 원래 모든 지식의 탐구는 철학이었습니다. 그 근거로 고대 유명한 철학자는 과학자이기도 했습니다(예를 들어 아리스토텔레스). 예전에는 철학과 다른 분야로서의 과학 개념은 존재하지 않았고, 현대에서 우리가 말하는 과학은 자연 철학으로 불렸습니다.

그러면 철학과 과학은 무엇이 다를까요? 앞에서 정말로 철학 같은 문제는 막연하게 말하므로 상세하게 나눠서 생각해야 한다고 설명했습니다. 철학은 막연한 문제를 논의의 형태로 만들어 상세하게 나누는 작업이니까요. 그리고 상세하게 나눠서 구체화한 문제를 실험으로 답을 찾는 것이 과학입니다.

철학과 과학이 알기 쉽게 구별된다 해도 둘은 전혀 아무런 관계가 없는 것이 아닙니다. 예를 들어 철학자로서 1, 2위를 다툴 정도로 유명한 칸트의 철학 이론은 물리학자 뉴턴의 역학 이론의 세계관을 바탕으로 만들어졌습니다. 칸트는 '시간과 공간은 무엇인가'라는 문제를 탐구했는데 그것을 고찰하기 위해 당시 물리학에서 존재가 어떻게 이해되었는지를 참고했다고 합니다.

물론 과학의 정설도 시대에 따라 변화하기에 현대 과학을 근거로 한다고 해서 반드시 옳은 말을 한다고는 할 수 없습니다. 하지만 그렇다고 해서 과학에 대해서 아무것도 몰라도 된다는 것은 아닙니다. 과학을 모르면 근거도 없는 억측을 주장할 가능성이 커집니다. 그러지 않으려면 철학 이론을 만들 때도 과학에서 어떤 이론을 검증했는지 알아야겠지요.

마음의 철학과 심리학

조금 전에 과학을 참고하면 더 좋은 철학 이론을 만들 수 있다고 했습니다. 물론 이것은 감정에도 해당하는 이야기입니다.

철학 중에서도 마음을 연구하는 분야는 '마음의 철학'

이라고 부릅니다(감정의 철학은 그 일부에 해당합니다). 마음은 심리학에서도 연구되고 있습니다. 그렇다면 심리학의 연구 성과를 사용하는 편이 감정에 관한 더욱 좋은 철학 이론을 만들 수 있을 것입니다. 이 책은 그런 방향에서 감정이 무엇인지 생각해보고자 합니다.

이때 '마음의 철학과 심리학은 뭐가 다르지?'라고 궁금해하는 분도 있을 것입니다. 이에 관해 아주 간단하게 설명하겠습니다.

사실 심리학이라는 분야가 등장한 것은 그리 오래되지 않았습니다. 오래전부터 마음의 연구는 철학에서 이루어졌지만, 19세기 후반 독일의 빌헬름 분트가 실험을 통해서 과학적으로 마음을 연구하기 위해 세계 최초로 대학에 심리학 연구실을 설립했습니다. 따라서 철학과 심리학이 다른 학문 분야로 나누어진 것은 약 150년 전의 일입니다. 생각보다 최근에 나누어졌기에 화제가 겹치는 부분도 꽤 있습니다.

그러면 무엇이 다를까요? 감정을 연구하는 심리학자는 실제로 여러 가지 실험을 합니다. 반면에 철학자는 실험하지 않지만 심리학자가 실시한 실험 결과를 다양하게 모아서 통합적인 이론을 만들거나 실험 결과를 어떻게 해석할지 생각합니다. 간단하게 말하자면 철학은 실험만으로는 해결할 수 없는 부분을 다룹니다. 심리학 중에서도 실험을 하지 않고 이론 구축을 목적으로 하는 이론심리학이라는 분야가 있는데, 마음에 관한 철학 연구는 그것과 유사한 분야입니다. 그러므로 이 책에서는 심리학 등의 연구 성과를 근거로 삼아 감정에 관한 전통적인 철학 문제를 대합니다. 그리고 더 나아가 그 문제를 윤리학이나 미학을 응용하여 살펴봅니다. 여기서 중요한 점은 철학과 과학은 같은 문제에 집중하기 때문에 상호 협력적인 관계라는 것입니다.

'감정'이라는 단어에 대해

이 책에서는 기본적으로 '감정'이라는 단어를 사용합니다. 전문서라면 감정 대신 '정동情動'이라는 표현을 쓰겠지만, 입문서인 이 책에서는 쉽게 읽을 수 있도록 일상생활에서 친숙한 '감정'이라는 표현을 사용합니다.

같은 단어, 다른 느낌

감정과 관련한 말은 많이 있습니다. 앞서 나온 정동 외에도 정서, 정감, 정념, 마음, 기분, 감각 등 다양합니다. 그러면 '감정과 정서는 어떤 차이가 있을까?', '이때는 감정이 아니라 정동이라고 하는 게 좋지 않나?', '어떤 책에서 감정은 이런 의미였는데, 이 책에서는 좀 다르네. 어느 쪽이 맞는 거지?' 같은 궁금증이 생길 수도 있습니다.

사실을 말하자면 똑같이 '감정'이라는 단어를 써도 책이 다르면 전혀 다른 의미가 되기도 합니다. 영어만 봐도 emotion, feeling, mood, affect, passion, sentiment 등 감정과 관련된 단어가 여럿 있고 책에 따라서 의미가 다르기도 합니다. 번역하면 더욱 골치가 아픕니다. emotion을 '감정'이라고 표현한 책이 있으면 '정동'이나 '정서'라고 번역한 책도 있습니다. feeling 역시 '감정'으로 번역되기도 하고, affect나 mood도 '감정'이나 '정동'으로 표현될 때가 있습니다.

왜 이런 일이 발생하는지 정확한 이유는 알 수 없지만, 한 가지 추측할 수 있는 것은 감정이 다양한 분야에서 연구되기 때문인 듯싶습니다. 앞서 이야기했듯이 감정은 인간을 대상으로 하는 모든 분야에서 다뤄지기 때문에, 각 분야의 정설이나 통용되는 연구, 실험, 이론 등이 다릅니다. 그런 차이에 따라 말의 표현도 달라지는 것 같습니다.

구체적인 상황에 주목하기

이런 차이는 혼란의 근원이 됩니다. 그러므로 다양한 분야의 서로 다른 표현을 조사하여 통일하면 좋겠지만, 그것은 비용 대비 효과가 아주 적습니다. 감정 관련 단어에 대한 이해는 얻을 수 있으나, 감정 자체에 대한 이해는 그다지 이루어지지 않기 때문입니다.

그래서 이 책을 읽는 동안에는 '감정'이라는 단어보다 구체적인 예에 주목하면 좋겠습니다. 예를 들어 뱀을 보고 무서워졌다, 로또에 당첨되어 행복해졌다, 지갑을 잃어버려서 우울해졌다, 다른 사람에게 험담을 듣고 화가 났다, 내가 한 과제를 칭찬받아 자랑스러웠다, 싫어하는 지인이 높게 평가받아 질투가 났다 등의 상황이 있습니다. '감정'이라는 말의 표현은 사람마다 다를 수 있지만, 이런 구체적인 상황은 누구나 분명하게 느껴질 것입니다.

이 책에서는 이런 상황에서 일어나는 공포, 기쁨, 슬픔, 즐거움 등과 같은 것을 '감정'이라고 부르고 그 상태가 무엇인지 발견하고자 합니다. 단, 다른 책에서는 '감정'을 다르게 표현하기도 하니 다른 책과 이 책을 비교할 때는 표현의 차이를 유념해주세요.

Philosophy of Emotion

2강

감정의 본질이란?

흔히 철학은 사물의 '본질'을 생각하는 것이라고 말합니다. 그러면 우선 감정의 본질이란 무엇인지 생각해봅시다.

그런데 애초에 본질은 어떻게 해야 알 수 있을까 하는 의문이 듭니다. 그래서 이번 강의에서는 이 의문을 해결하기 위해 다음을 살펴봅니다.

첫째, 감정 외에도 무언가의 본질을 특정하는 데 필요한 작업을 알아봅니다.
둘째, 감정의 본질로 여겨지는 후보를 몇 가지 살펴봅니다.
셋째, 의외라고 할 수 있지만, 감정에 사고가 중요하다는 점을 설명합니다.

본질을
찾아내는 법

우선 ○○의 본질이라 하면, ○○에 가장 중요한 것이고 그것이 없으면 ○○이 아니게 되는 것이라고 할 수 있습니다. 그래서 '감정의 본질은 무엇인가'라는 질문은 '감정에 가장 중요한 것은 무엇인가', '그것이 없으면 더는 감정이 아니게 되는 것은 무엇인가'라고 바꾸어 말할 수 있습니다.

그러나 갑자기 감정의 본질을 생각하기란 쉽지 않습니다. 따라서 조금 돌아가지만 본질을 찾는 방법부터 알아봅시다. 예를 들어 냉장고의 본질은 무엇일까요?

냉장고의 본질은 무엇일까?

가전제품 판매점에는 다양한 냉장고가 많이 있습니다. 문이 두 개인 것도 있으며 세 개 또는 여섯 개인 것도 있습니다. 색상도 하얀색, 검은색, 은색 등 다양합니다. 크기나 용량도 다양하지요. 야채실이 있기도 하고 없기도 합니다. 더욱이 업무용 냉장고는 가정용보다 용량이 크고, 식품 공장의 냉장고는 훨씬 더 큽니다.

    이처럼 각각의 냉장고는 색, 형태, 크기, 용량 등 여러 가지가 다릅니다. 그러나 모두 냉장고입니다. 그러면 각 냉장고의 다른 특징은 냉장고의 본질이 아니라고 생각할 수 있겠지요. 색상이 하얀색이든 검은색이든 은색이든 상관없기에 냉장고의 색은 본질적인 요소가 아닙니다. 하얀색이라서 냉장고가 되고 초록색이라서 냉장고가 될 수 없는 것은 아니니까요. 마찬가지로 크기나 용량도 여러 가지이므로 그것들도 냉장고의 가장 중요한 요소는 아닙니다.

    이런 방법을 사용하여 냉장고의 중요하지 않은 요소들을 제거해 나가다 보면 냉장고의 본질을 발견할 수 있습니다. 그것은 '안에 넣은 것을 차게 한다'는 기능입니다. 이런 기능이 있으면 어떤 색상이나 크기의 것이라도 냉장고라고 할 수 있지요.

    다른 각도에서 생각해볼까요? 예를 들어 집에 있는 냉장고가 고장이 나서 냉각 기능을 잃었다고 가정해봅시다. 그래도 '안에 물건을 넣는다'는 기능은 유지되지요. 그래서 찬장처럼 사용할 수는 있습니다. 하지만 안에 넣은 것을 차게 하지 못한다면 이제 냉장고가 아닙니다. 적어도 '고장 난 냉장고', '냉장고였던 것'이라고는 할 수 있지만, 무조건 '냉장고'라고는 할 수 없습니다. 냉장고의 냉각 기능이 작동하지 않으면 서비스 센터에 연락하여 수리하거나 교환하는 것이 그 증거지요. 냉각 기능이 없으면 더는 냉장고라고 할 수 없습니다.

하지만 냉각 기능만 있으면 될까요? 그렇지도 않습니다. 에어컨, 선풍기, 얼음, 젖은 손수건, 차가운 샤워, 냉각 스프레이 등에도 냉각 기능이 있습니다. 그러나 이것들을 냉장고라고 하지는 않습니다. 냉장고가 되려면 안에 물건을 넣을 수 있어야만 합니다.

이런 식으로 에어컨은 무엇인지 의문이 들 수도 있습니다. 에어컨은 방 온도를 낮추는 기기로 방 안에는 여러 가지 물건이 있습니다. '그럼 에어컨이 설치된 방도 냉장고라고 할 수 있지 않을까?' 이렇게 생각할 수도 있겠지요. 분명 그런 경우도 냉장고라고 부를 수 있을 것 같습니다. 실제로 공장의 냉장고는 온도를 낮추는 강력한 냉방 장치가 설치된 방을 '냉장고'라고 합니다.

또 '찬장에 얼음을 넣어서 안에 있는 것을 차갑게 하면 냉장고가 되지 않을까?'라고 생각할 수도 있습니다. 그것 또한 냉장고라고 할 수 있겠지요. 현대에 우리가 '냉장고'라고 부르는 것의 대부분은 전기로 냉각 기능을 작동시킵니다. 그러나 전기식 냉장고가 보급되기 전에는 바로 얼음을 넣어서 물건을 차갑게 하는 찬장과 같은 냉장고가 사용되었습니다. 그러므로 전기를 사용하여 물건을 차갑게 하는 기능은 반드시 냉장고의 필수 요소는 아닙니다. 냉장고는 안에 들어 있는 물건이 차가워지면 됩니다.

본질을 발견하는 순서

지금까지 이야기했듯이 냉장고의 본질은 '안에 물건을 넣을 수 있고, 넣은 것을 차갑게 한다'는 기능입니다. 그러면 이런 본질을 어떻게 발견할 수 있었는지 그 순서를 되짚어봅시다.

냉장고의 본질은 다음과 같은 순서로 발견했습니다. 먼저 구체적인 냉장고를 선택하고 그것이 지니는 특징을 열거합니다. "집에 있는 냉장고는 하얀색이고, 높이는 150센티미터이며, 문이 세 개 있다. 그리고 안에 물건을 넣을 수 있고, 넣은 물건이 차가워진다…." 그런 다음 다른 냉장고와 비교해서 중요하지 않은 특징들을 제거합니다.

"친구 집 냉장고는 검은색이니까 색깔은 중요하지 않아."

"문이 두 개이니까 문의 개수도 중요하지 않아(물론 문이 하나도 없으면 물건을 넣을 수 없지만)."

이런 순서를 반복하면 '안에 넣은 물건을 차갑게 하는 것'만이 남게 됩니다. 이것이 냉장고의 본질이지요. 즉 구체적인 예를 몇 가지 들면서 각기 다른 특징들을 제거하고 남은 공통의 특징이 본질이 되는 것입니다.

그러면 이를 바탕으로 감정의 본질을 생각해봅시다.

감정의 본질로
여겨지는 몇 가지

다섯 가지 후보

우선 감정의 구체적인 예를 나열하고, 각각에 나타나는 여러 가지 특징을 살펴보겠습니다. 예를 들어 산길을 걸어가는데 덤불 속에서 뱀이 나와 공포를 느끼게 되는 상황을 생각해봅시다. 그때 여러 가지 반응이 일어납니다.

먼저 '지각'입니다. 덤불이 부스럭거리는 소리가 들리더니 거기서 무언가가 튀어나옵니다. 그쪽으로 눈을 돌리니 뱀 한 마리가 보입니다.

이때 '위험해'라는 '사고나 판단'도 이루어지겠지요. 반드시 '위험해'라는 생각이 떠오른다고는 할 수 없지만, 눈앞에 나타난 뱀이 위험한 동물이라고 판단하기에 공포가 생길 것입니다.

게다가 심장이 빠르게 뛰거나, 근육이 긴장하거나, 땀

이 흐르거나, 호흡이 가빠지는 등의 '신체 반응'이 일어납니다. 이런 반응을 모두 자각할 수는 없습니다. 뇌에서 특정 물질이 나오거나 호르몬 균형이 변화하는 등의 반응은 스스로 알 수 없으니까요.

몇 가지 신체 반응을 우리가 알아차릴 수 있는 이유는 거기에 '감각'이 동반하기 때문입니다. 심장이 빠르게 뛰는 것을 알 수 있는 이유는 가슴 주위에 두근거리는 감각이 있기 때문입니다. 소름 끼치는 감각은 '등골이 오싹해진다'는 표현처럼 근육이 긴장하거나 땀이 나기 때문입니다.

이때 '행동'도 동반합니다. 쉽게 생각할 수 있는 행동은 거기서 도망가는 것이지요. 뱀을 자극하지 않기 위해서 가만히 있거나 천천히 그 자리를 벗어날 수도 있습니다.

기쁨이나 슬픔과 같은 다른 감정에도 지각, 사고, 신체 반응, 감각, 행동이라는 요소를 볼 수 있습니다. 그러면 이 다섯 가지 요소 중 무엇이 감정의 가장 중요한 본질일까요? 그것을 알기 위해 중요하지 않은 요소들을 제거해봅시다.

지각은 중요하지 않다

우선 감정의 본질로 지각은 중요하지 않은 것 같습니다. 왜냐하면 뱀을 실제로 보지 않고 상상하는 것만으로도 공포가 생길 수 있기 때문입니다.

조금 더 자세하게 설명하겠습니다. 지각은 현재 자기 주변에 실제로 무엇이 있고 어떤 일이 일어나는지를 인식하는 작용을 합니다. 당연한 말이지만 과거나 미래의 것, 일어나지 않은 일은 볼 수 없습니다(혹시 볼 수 있다면 그것은 지각이 아니라 초능력이겠지요).

반면에 우리는 미래나 과거의 일, 현실에서 일어나지 않은 일에 대한 감정을 가질 수 있습니다. 예를 들어 통금 시간을 어겨서 다음 달 용돈을 받지 못하게 되는 일을 두려워합니다. 용돈을 받지 못하는 상황은 현실에서 일어나지 않았지만 정말 그렇게 된다면 어떻게 될지를 상상하여 두려워질 수 있습니다. 마찬가지로 복권을 사지 않아도 복권 당첨을 상상해서 기분이 좋아지기도 하지요. 또한 일 년 전에 연인과 이별한 일이 기억나 슬퍼지기도 합니다.

이처럼 우리는 과거, 현재, 미래, 일어나지 않은 일에 감정을 가질 수 있습니다. 이에 비해 지각은 현재 일에만 관여하지요. 이런 차이를 보면 지각은 감정의 본질이 아니라고 생각할 수 있습니다.

오히려 지각은 감정에 포함된 것이 아니라 감정을 일으키는 계기나 원인의 하나로 생각됩니다. 눈앞의 뱀을 본 것이 계기가 되어 공포가 생기지만 그 외에도 계기는 있습니다. 눈앞에 뱀이 있다고 상상하거나 뱀에게 물릴 뻔한 일을 기억해도 공포가 생깁니다.

감각 자체는 감정이 아니다

 순서가 뒤바뀌지만 여기서 감각에 대해 조금 설명하겠습니다. 왜냐하면 일상 표현의 감각에는 여러 의미가 있기 때문입니다.

 예를 들어 "그런 감각은 이해할 수 없어"라고 말할 때가 있습니다. 이것은 의도나 목적을 이해할 수 없다는 것을 의미합니다. '머리를 쓰지 않고 감각으로' 한다는 것은 쓸데없는 생각은 하지 않는다, 마음 내키는 대로 한다는 뜻이며, "색채 감각이 훌륭하다"는 말은 센스 있다, 취향이 좋다는 의미입니다. 또한 앞서 이야기한 지각이 감각과 같은 의미로 사용되기도 합니다.

 이 책에서 감각은 '자신에게 느껴지는 것'을 의미합니다. 영어로는 feeling, 즉 느낌이라 할 수 있습니다. 공포의 오싹한 느낌, 화가 나서 머리로 피가 몰려 확 달아오르는 느낌 등이 감각입니다.

 이미 설명했듯이 감각은 신체 반응과 관계합니다. 오싹거리는 감각은 근육의 긴장을 느낀 것이고, 달아오르는 감각은 혈류의 속도를 느낀 것입니다. 감각을 느끼는 것으로 우리는 신체에 어떤 변화가 일어났는지 알 수 있습니다.

 고려해야 할 점은 이런 의미의 감각은 감정이 아닌 것에도 동반합니다. 가려움이라는 감각이 있습니다. 가려움을 느끼고 불쾌한 감정이 생기기도 하지만 가려움 자체는 감정이 아닙니다. 그 감각으로 우리는 피부에 습진이 발생하는 등 우리 몸에 생기는 문제를 알 수 있습니다. 마찬가지로 달아오르는 감각으로 체온이 올라간 것을 알 수 있지요.

그러면 감정에 동반하는 감각은 감정의 본질적인 요소일까요? 즉 감각이 없는 감정은 존재하지 않는 걸까요? 실제로 이와 관련한 논쟁이 있습니다.

만약 감각이 감정의 본질 중 하나라면 감정은 반드시 느껴질 것입니다. 우리는 자신이 어떤 감정을 느끼는지 감각을 통해서 반드시 눈치챌 수 있게 됩니다. 그러나 만일 감각이 본질적인 요소가 아니라면 '느낄 수 없는 감정' 혹은 '무의식적 감정'이 존재할 것입니다. 이것은 자기 마음에 어떤 감정이 생겼는데 그것에 대응하는 감각이 동반하지 않아서 그 감정을 깨닫지 못하는 것을 뜻합니다.

무의식적 감정이 존재하는지는 검토해야 할 점이 몇 가지 있습니다. 감각과 무의식에 대해서는 7강에서 자세하게 이야기하겠습니다.

그렇다면 행동이 감정의 본질일까?

앞에서 뱀을 보고 무서워지면 뱀에서 멀어지는 행동을 한다고 말했습니다. 하지만 감정이 생겨도 행동하지 않는 경우 또한 많습니다.

누군가에게 싫은 소리를 듣고 화를 냈다고 가정해봅시다. 그때 상대방을 때리고 싶은 마음이 듭니다. 하지만 진짜로 때리면 폭력 사건이 되어 경찰서에 가게 됩니다. 그것을 자각한다면 실제로 때리는 일은 없을 것입니다.

이런 점을 생각하면 감정에 동반하는 행동은 실제로 일어난 행동이 아니라 행동의 '경향'이 아닐까요? 그 행동을 하는 쪽으로 기울어져 있다는 것이지요.

예를 들어 좋아서 펄쩍 뛰고 싶어도 정말로 펄쩍 뛰면 주변의 주목을 받을 수 있으니 실제 행동으로는 옮기지 않게 됩니다. 하지만 뛰고 싶긴 하지요. 마찬가지로 무서워서 도망가고 싶어도 여러 가지 사정으로 도망가지 못할 때가 있습니다. 그래도 공포를 느끼는 한 도망가는 행동을 취하는 경향이 있는 것은 확실합니다.

이런 행동 경향과 신체 반응에는 깊은 관련이 있습니다. 뱀을 보고 무서워지면 호흡이 가빠지거나 심장이 빨리 뛰는 등의 신체 반응이 일어납니다. 호흡이 가빠지면 더 많은 산소가 폐로 들어가 혈액으로 흡수됩니다. 심장이 빨리 뛰면 피가 잘 돌고 흡수된 산소가 온몸으로 퍼지지요. 그렇게 산소가 퍼지게 되면 근육을 움직일 준비가 이루어집니다. 따라서 뱀에게서 멀리 떨어질 행동을 취할 준비가 됩니다. 그렇다면 행동을 일으키는 신체적 경향이 생긴다는 것은 바꿔 말하면 행동을 취하기 위한 신체적 준비가 신체 반응이라 할 수 있습니다.

이런 점에서 행동 경향과 신체 반응은 동일하게 여길 수 있을 것 같습니다. 또한 앞에서 감각을 다루면서 감정에 동반하는 감각은 신체 반응을 느낄 수 있다고 했습니다. 지금까지 한 이야기에 따르면, 감각은 행동의 준비인 신체 반응을 느끼는 것입니다.

그러면 이제 감정의 본질적인 요소로 남는 것은 사고와 신체 반응입니다. 실제로 감정에서 사고가 본질적인 요소인지, 신체 반응이 본질적인 요소인지는 감정 연구의 중요한 주제 중 하나입니다.

위험을 모르면 공포도 없다

사고가 감정의 본질이라는 주장

감정의 다섯 가지 요소 중 무엇이 감정의 본질적인 요소인지 학생들을 대상으로 조사한 적이 있습니다. 매년 가장 많이 나오는 대답이 '사고'입니다.

이유는 크게 두 가지였습니다. 하나는 '지각 없이 상상만으로도 감정은 생긴다'입니다. 이것은 이미 앞에서 설명했습니다.

다른 하나는 '신체 반응, 감각, 행동은 사고가 있어야 비로소 생긴다'입니다. 뱀을 무서워하는 경우에는 뱀이 위험하다고 판단했기 때문에 오싹해지거나, 심장이 빨리 뛰거나, 거기서 벗어나려는 행동을 취합니다. 즉 위험하다고 생각하지 않는다면 이런 반응은 일어나지 않는다는 것입니다. 그러므로 감정에서 가장 중요한 요소는 사고라는 것이지요.

나름대로 납득되지 않나요?

　사고가 감정의 본질이라는 주장을 뒷받침할 수 있는 다른 예를 들어봅시다. 여러분 앞에 작고 알록달록한 개구리가 나타났습니다. 원래 개구리를 싫어하지 않는다면 그것을 보고 '색깔이 예쁘다', '귀엽네'라고 생각할지 모릅니다. 그런데 사실 그 개구리는 만지는 것만으로도 죽을 수 있는 맹독성의 독화살개구리였습니다. 그때 여러분은 생명의 위험에 처하게 됩니다. 그 개구리가 독화살개구리라는 것을 몰랐다면 공포를 느끼지 않겠지요.

　왜일까요? 물론 독화살개구리가 위험하다고 판단할 수 없기 때문입니다. 여기서 알 수 있는 점은 '위험해'라고 생각하거나 판단할 수 없다면 공포라는 감정은 생기지 않는다는 것입니다.

　또 다른 예를 들어보겠습니다. 사진을 찍을 때 손등을 보이며 브이를 한 적이 있나요? 그 행동이 우리에게는 별다른 의미가 없지만, 영국에서는 모욕적인 뜻이라고 합니다. 그 행동이 모욕을 주는 사인이라고 판단한 사람은 분명 분노를 느끼겠지만, 그렇게 판단하지 않은 사람은 분노를 느끼지 못합니다.

　이처럼 '모욕적'이라 판단하느냐에 따라 분노 여부가 결정됩니다. 사고나 판단이 없으면 감정은 생기지 않는 것이지요. 하지만 모든 사고나 판단이 감정의 본질적인 요소라는 주장에는 다소 무리가 있습니다. 이를 이해하기 위해서 태어난 지 얼마 안 된 아기에게 감정이 있는지를 생각해봅시다.

아기와 동물이 느끼는 감정

옆에서 보면 아기도 감정을 가진 듯이 보입니다. 부모가 안아주거나 까꿍 놀이를 하면 기뻐서 웃는 것 같습니다. 낯선 사람이 다가가면 무서워하는 것처럼 보이고요.

하지만 아기는 성인처럼 사물을 사고하거나 판단할 수 없습니다. 아기는 무엇이 위험인지 잘 모릅니다. 따라서 아기는 (적어도 성인처럼) 위험하다고 생각하거나 판단할 수 없습니다.

여기서 공포를 느끼려면 성인과 같은 방법으로 위험하다고 판단하는 것이 필수 요소라고 합시다. 그리고 아기는 그런 판단을 내릴 수 없습니다. 그렇다면 그런 아기는 공포를 느낄 수 없다는 결론에 도달합니다. 낯선 사람이 다가갔을 때 아기는 두려워하는 듯 보이지만 적어도 그렇게 보일 뿐 정말로 겁을 먹지는 않았다는 것입니다.

이번에는 동물을 생각해봅시다. 개, 고양이, 개구리, 금붕어 등 뭐든 좋지만, 이런 동물은 성인인 인간처럼 위험을 판단할 수 없습니다. 어쨌든 동물은 인간처럼 언어를 사용하여 사물을 생각할 수 없습니다.

그러면 동물은 공포를 느낄 수 있을까요? 만약 위험하

다는 판단이 공포를 느끼기 위한 필수 요소라면 동물은 공포를 느끼지 못한다는 결론에 도달합니다. 두려워하는 듯 보일지라도 정말로 무서워하는 것은 아니지요.

여러분은 이런 결론을 받아들일 수 있나요? 만약 받아들일 수도 없고 아기나 동물도 공포를 느낀다고 생각한다면 공포를 느끼기 위해서 성인과 같은 사고는 필수 요소가 아니라고 생각해야 합니다. 적어도 성인 인간처럼 언어를 사용해서 사물을 사고하고, 위험하다고 판단하는 능력은 필수적이지 않다고 해야 합니다.

그러면 감정에는 어떤 종류의 사고가 본질적이라고 보아야 할까요? 감정의 본질에 속한 사고는 아기나 동물에게도 가능한 형식의 사고라는 것입니다. 성인이라도 "공포로 아무것도 생각하지 못한 채 무아지경으로 도망쳤다"라고 말하는 상황에서는 언어를 사용한 판단이 아니라 아기나 동물과 같은 형식의 판단이 이루어졌을 수도 있습니다. 이런 감정과 사고는 4강에서 더 이야기하려고 합니다.

다음 강의에서는 감정에 관한 수업이나 책의 첫 부분에 자주 등장하는 감정 이론인 제임스-랑게 이론을 알아봅시다. 제임스-랑게 이론에서는 감정을 '신체 반응의 감각'이라고 주장합니다.

감정과 사고는 대립한다?

여기서 여러분과 함께 생각하고 싶은 것이 있습니다. 여러분은 이번 강의를 만나기 전에 감정과 사고가 서로 대립한다고 생각하지 않았나요?

우리는 감정적인 사람이 냉정하게 사고하지 못한다든가, 성격에 사고 중심형 성격과 감정 중심형 성격이 있다는 말을 종종 듣습니다. 하지만 지금까지의 이야기를 근거로 하면 감정과 사고가 대립하는 것이 옳지 않게 여겨집니다. 뱀이 위험하다고 사고하지 않으면 뱀에게 공포를 느낄 일도 없으니까요.

철학에서는 이런 발견이 종종 있습니다. 즉 다시 생각해보면 지금까지 당연시해왔던 일이 사실은 그렇지 않다는 것을 알 때가 있습니다. 때로는 "철학 같은 건 배워도 하나도 도움이 안 돼"라고 말하기도 하지만, 이처럼 철학은 있는 그대로를 당연하게 받아들이는 것이 아니라 새롭게 바라보는 습관을 기르는 데 큰 도움이 됩니다.

Philosophy of Emotion

3강

신체 반응을 중시하는 감정 이론

감정 연구에서는 감정의 신체적 측면과 사고적 측면을 어떻게 양립시켜 이해할 것인지가 중요한 주제 중 하나입니다. 이번 수업은 신체 반응을 중시하는 감정 이론을 알아봅니다.

첫째, 그중 대표적인 제임스-랑게 이론을 소개합니다.
둘째, 이 주장을 지지하는 사고실험을 설명합니다. 그리고 사고실험이란 무엇인지도 함께 살펴봅니다.
셋째, 신체 반응을 중시하는 감정 이론의 결점과 파악해야 할 논점을 알아봅니다.

제임스-랑게 이론: 몸의 반응이 먼저다

제임스-랑게 이론은 미국의 철학자이자 심리학자인 윌리엄 제임스와 덴마크의 생리학자인 칼 랑게의 이름에서 유래되었습니다. 제임스와 랑게는 19세기 후반에서 20세기 초반의 인물로 두 사람이 함께 연구하지는 않았지만 동시대에 같은 감정 이론을 주장했습니다. 현재에 이르러서는 두 사람의 생각을 하나로 정리하여 제임스-랑게 이론이라고 합니다.

제임스는 최초로 미국에서 심리학 연구실을 만들었고, 실용주의^{pragmatism} 철학의 초기 주요 인물로도 유명합니다. 지금부터는 주로 제임스의 생각을 바탕으로 신체 반응을 중시하는 감정 이론의 입장을 소개하겠습니다.

"슬퍼서 우는 것이 아니라 울어서 슬픈 것이다"

제임스-랑게 이론은 이런 표현으로 유명합니다. 여러분도 어딘가에서 들어본 적 있지 않나요? 이 문구는 감정에 대한 상식적인 생각과 정반대의 이야기를 합니다.

상식적으로 보면 슬픔이라는 감정이 발생하고 그 감정이 원인이 되어 눈물이 나는 신체 반응이 일어난다고 생각할 수 있습니다. 마찬가지로 먼저 공포가 발생하고 그로 인하여 심장이 두근거리거나 땀이 난다고 생각하지 않나요? 즉 감정이 신체 반응을 일으킨다는 것이지요.

이에 반해 제임스-랑게 이론은 슬픔이 눈물을 나게 하는 것이 아니라 눈물이라는 신체 반응이 먼저 일어나고 그 반응을 인식하는 것이 슬픔이라고 했습니다. 마찬가지로 화가 나서 머리로 피가 몰리는 것이 아니라 머리에 피가 몰리는 것을 깨닫는 것이 분노라고 했습니다. 또 심장이 두근거리거나 근육이 뻣뻣해지는 신체 반응을 인지하는 것이 공포인 셈이지요. 정리하면 감정은 자기의 신체 반응을 감지한 것, 즉 신체 반응에 대한 감각입니다.

저 유명한 문구에 대해 몇 가지 의문이 들 수 있습니다. 우선 '슬퍼도 눈물이 안 날 수 있다'고 생각하는 사람도 있겠지요. 물론 그렇긴 합니다. "울어서 슬픈 것이다"라는 문구는 제임스-랑게 이론의 핵심을 알기 쉽게 나타내고 있지만 부정확한 면도 있습니다.

이 이론에 대한 의문점

하지만 다음 사항을 생각해봅시다. 물론 슬퍼도 눈물이 나오지 않을 수 있지만, 눈물이 날 것 같다고 말할 수는 있지 않을까요? 적어도 평상시와는 눈물샘 부근의 반응이 다를 것입니다. 그때 실제로는 눈물이 나지 않더라도 눈물을 흘리기 위한 신체 반응은 어느 정도 일어나고 있을 것입니다.

기억하시나요? 바로 이전 강의에서 감정에 동반하는 행동 경향과 신체 반응에는 밀접한 관계가 있다고 말했습니다. 뱀을 봤을 때 실제로 도망가지 않더라도 호흡이 가빠지거나 심장 박동이 빨라지는 신체 반응이 일어납니다. 이런 신체 반응의 역할은 더 많은 산소를 흡수하고 몸 안에 산소를 보내 뱀에게서 멀어지는 행동을 하기 위한 준비라고 볼 수 있습니다.

슬플 때 실제로는 눈물이 나지 않더라도 흘리기 위한 준비인 신체 반응은 일어난다고 말할 수 있지 않을까요? 마찬가지로 화가 날 때 정말로 때리지 않아도 때리기 위한 준비인 신체 반응은 일어나고 있을 것입니다.

또 다른 의문으로 '공포나 기쁨의 눈물도 있지 않을까?'라고 생각한 사람도 있겠지요. 분명 눈물은 슬픔만을 특징짓는 신체 반응은 아닌 것 같습니다. 사실 슬플 때 다른 신체 반응도 일어납니다. 몸에 힘이 들어가지 않거나, 표정이 굳어지거나, 숨이 막힙니다. 이런 반응은 기쁠 때는 일어나지 않겠지요. 게다가 자율 신경의 기능이나 혈류가 특정 방법으로(기쁨이나 공포일 때와는 다른) 변화하는 반응도 있습니다. 슬픔에는 슬픔 특유의 신체 반응 조합이 있고, 그 조합은 분노나 공포의 신체 반응 조합과는 다릅니다.

지금까지 머릿속에 떠오르는 몇 가지 의문에 대해 답변했습니다. 하지만 제임스-랑게 이론에 대한 의문이 모두 해소되었다고는 할 수 없지요. 왜냐하면 애초에 왜 이런 상식 밖의 생각을 주장했는지 그 이유가 아직 설명되지 않았기 때문입니다.

일반적으로 일부러 상식 밖의 이야기를 주장한다면 나름의 이유나 근거가 필요합니다. 그저 무작정 상식을 제외한다면 아무도 상대해주지 않습니다. 대담한 주장을 하려면 주장의 옳음을 나타내는 설득력 있는 근거가 필요하지요.

제임스는 그런 근거로 '사고실험'을 제시했습니다. 그럼 지금부터 사고실험에 대해 알아봅시다.

사고실험으로
이론을 뒷받침하기

머릿속에서 생각으로 실험하기

먼저 사고실험$^{thought\ experiment}$이 무엇인지 설명하겠습니다. 사고실험은 머릿속에서 생각으로 실험해보는 것입니다. 실제로 기구를 사용하여 무언가를 측정하거나 화학 반응을 일으키는 게 아니라, 특정 상황을 상상하고 그때 어떤 일이 일어날지를 생각하여 결론을 도출해 내는 방법입니다.

유명한 사고실험으로는 트롤리 딜레마$^{trolley\ dilemma}$(폭주하는 전차)가 있습니다. 아마 여러분도 들어봤을 것입니다. 브레이크가 고장 난 기차가 달리고 있습니다. 기차가 이대로 달린다면 선로 앞쪽에 있는 다섯 명이 죽게 됩니다. 이때 당신은 기차의 진로를 전환하는 선로전환기 근처에 있습니다. 스위치를 바꾸면 기차는 다른 선로로 이동하여 다섯 명은 살 수 있습니다. 하지만 전환한 선로 앞에도 한 사람이 있어서 스위치를 바꾸면 그 사람이 죽게 됩니다. 이 상황을 상황하여 선로전환기의 스위치를 바꾸는 것과 바꾸지 않는 것 중 무엇이 옳은지를 생각하고 결론을 내리는 것입니다(트롤리 딜레마는 11강에서 더 자세히 알아봅니다).

사람의 동일성을 생각하기 위해서도 사고실험이 자주 사용됩니다. 예를 들어 10년 전의 자기와 오늘의 자기가 같은 사람이라는 것은 무슨 뜻일까요? 10년이나 지나면 사람의 몸을 구성하는 세포는 바뀌었기 때문에 물리적으로 같다고 말하기는 어렵습니다. 하지만 기억은 어떨까요? 10년 전 자신이 무엇을 경험했는지 기억하고 있어서 그 기억은 오늘까지 연속되고 있으므로 10년 전 자기와 오늘의 자기는 같은 사람이라고 생각할 수 있습니다. 하지만 기억 상실로 10년 전 기억을 모두 잃어버린 상황을 상상해봅시다. 이때 10년 전 자기와 지금의 자기가 같은 사람이라는 것을 무엇이 증명해 줄 수 있을까요?

게다가 사고실험은 물리학에서도 사용됩니다. 물리학에서는 현실에는 존재하지 않는 마찰 없는 바닥이나 도르래 등이 등장하고, 그것을 사용하여 역학적인 계산이 이루어집니다. 마찰력이 0이라는 상상 속의 상황에서 계산해도, 마찰이 있는 현실 상황에서 일어나는 것과 가까운 계산 결과를 얻을 수 있습니다. 아인슈타인이 상대성 이론을 만들 때 사고실험을 했다는 이야기 역시 매우 유명합니다. 그 밖에도 양자 역학에서는 '슈뢰딩거의 고양이'라는 사고실험도 유명합니다. 궁금하신 분은 찾아보시길 바랍니다.

감정에 관한 제임스의 사고실험

그러면 감정의 사고실험을 실제로 확인해봅시다. 신체 반응의 감각이 감정의 본질이라고 주장하는 데 있어 제임스가 사용한 사고실험을 소개합니다.

먼저 어떤 감정을 가진 장면을 상상해봅시다. 예를 들어 화가 난 자신을 떠올려봅시다. 그때 함께 발생하는 신체 반응도 떠오르지 않나요? 머리로 피가 몰려서 얼굴이 붉어졌거나, 주먹을 불끈 쥐거나, 이를 악물거나, 미간에 주름이 생긴 자신의 모습이 그려질 것입니다.

다음으로 그 상상 속에서 신체 반응을 제외해봅시다. 혈압도 올라가지 않고, 근육도 긴장되지 않고, 미간에 주름도 없고, 이를 악물지도 않습니다. 이때 당신은 화가 나 있나요? 오히려 신체 반응이 없어지면 감정도 함께 없어져 버리는 것은 아닐까요? 그렇다면 이런 신체 반응 없이 분노는 존재하지 않는다고 생각됩니다.

이어서 다른 장면도 생각해봅시다. 다음 예는 제임스가 만든 것입니다. 자신이 키우던 강아지 포치가 죽어서 깊은 슬픔에 빠졌다고 합시다. 이때 생전의 포치 모습을 기억하거나, '포치는 이제 없네'라고 생각하거나, 눈물을 흘리거나,

목이 메거나, 침울해집니다.

　이제 그로부터 10년 정도 지난 상황을 떠올려봅시다. 이때 포치의 죽음에 대한 슬픔은 나타나지 않습니다. 그래도 가끔 포치와 함께 생활하던 모습이 기억나기도 하고 때로는 '이제 포치는 없지'라고 생각하기도 합니다. 하지만 눈물을 흘리거나, 목이 메거나, 침울해지지 않습니다. 즉 신체 반응이 일어나지 않습니다.

　이런 예를 생각하면 눈물이 나올 것 같거나 몸에 힘이 들어가지 않는 것과 같은 신체 반응의 감각이 없으면 슬픔은 생기지 않는다고 생각할 수 있지 않을까요? 슬픔이 가라앉은 10년 후라도 포치의 죽음을 생각할 수 있지만, 그 생각만으로는 슬퍼지지 않습니다. 슬퍼지려면 눈물이 날 것 같은 신체 반응의 감각이 필요하다고 생각되지 않나요?

　물론 10년 후라도 죽은 포치를 떠올리면 다시 슬퍼질 수는 있습니다. 그러나 그때의 슬픔 역시 눈물이 날 듯한 신체 반응의 감각과 함께 찾아오지 않을까요?

　지금까지 말한 사고실험을 보면, 신체 반응의 감각이 없어지면 슬픔도 없어진다고 생각할 수 있습니다. 그리고 이전 강의에서 '그것을 잃으면 더는 감정이 아니게 되어버리는 것'이 감정의 본질이라고 했습니다. 그렇다면 신체 반응의 감각이 감정의 본질이라고 생각할 수 있지 않을까요?

사고실험의 결점

여러분은 사고실험을 어떻게 생각하시나요? 제 강의를 듣는 학생들에게 물어보니 대체로 납득할 수 있다는 학생과 그렇지 않다는 학생이 절반 정도 나뉘었습니다.

받아들이는 사람이 많다고 해서 이 사고실험이 올바르다는 것은 아닙니다. 무엇이든 그렇습니다. 지지하는 사람이 많다고 해서 그것이 올바른 주장이 되는 건 아니지요. 왜냐하면 어떤 생각을 지지하는지는 개인의 사고방식이나 세상의 상식 등에 좌우되기 때문입니다.

천동설을 생각해봅시다. 천동설은 지구가 우주의 중심에 있고 다른 천체는 지구의 주변을 돈다는 이론입니다. 이 이론은 2세기에서 17세기 무렵까지 사람들이 믿어왔습니다. 천문학이 발전하지 않은 단계에서 지구와 다른 천체의 관계를 알기 위해서는 자신들의 평소 경험에 의지할 수밖에 없습니다. 그리고 평소 경험으로 생각하면 지구를 중심으로 다른 천체가 돈다는 생각은 믿기 쉽습니다. 지구에서는 그렇게 보이니까요. 하지만 망원경이 발명되고 천문학이 발전하면서 별의 운동을 더 자세히 알 수 있게 되었고, 그 결과 현재는 천동설을 믿는 사람이 거의 없습니다. 17세기 이전에는 많은 사람이 믿었던 주장이라도 현재는 믿지 않는 사람이 더 많지요.

이처럼 어떤 이야기를 받아들이는 것은 시대나 지역,

문화의 상식에 좌우된다는 사실을 알 수 있습니다. 그렇다면 사람들이 어떤 이야기를 믿는다고 하여 그 이야기의 정확성이 입증되지는 않습니다.

사고실험도 마찬가지입니다. 사고실험에서 도출된 결론을 이해할 수 있을 뿐이지 그 결론의 정당성이 뒷받침된 것은 아닙니다. 사고실험은 머릿속에서 생각으로 이루어지는 실험이므로 탁상공론이 될 우려도 충분히 있습니다.

분명 많은 사람이 이해할 수 있는 사고실험은 이해할 수 없는 다른 이론보다는 설득력이 있다고 여겨집니다. 하지만 그것만으로 결론이 나지는 않습니다. 여기에 또 다른 근거는 없는지 생각해야 합니다.

예측을 검토하는 일

이제부터 어떤 주장의 타당성을 판명하는 한 가지 방법을 소개하겠습니다. 그 방법은 그 주장에서 어떤 예측이 나오는지를 생각해보는 것입니다. 가설 A에서 B라는 예측이 도출될 때 B가 옳다면 그 예측의 근원이 되는 A도 옳다고 할 수 있습니다. 반면에 B가 틀렸다고 판명되면 A도 틀렸다고 추측됩니다.

예를 들어 '공룡이 멸종한 원인은 소행성이 지구와 충돌했기 때문이다'라는 가설을 세웠을 때, 그 가설에는 '소행성이 충돌한 시대의 지층에는 소행성에서 많이 발견되는 물질(이리듐)이 많이 포함되었을 것이다'라는 예측을 세울 수 있습니다. 그리고 실제로 그 시대의 지층에는 이리듐이 많이 포함되어 있었습니다. 그렇다면 소행성 충돌로 공룡이 멸종했다는 가설의 설득력이 높아집니다. 이 추론은 실제로 공룡 멸종의 원인에 관한 담론에 사용되었습니다.

그러면 예측을 검토한다는 점에서 제임스-랑게 이론을 생각해봅시다. 그 이론에 의하면 감정은 신체 반응을 느끼는 것입니다. 이 주장으로 우리는 이렇게 예측할 수 있습니다. 그것은 손상으로 신체 반응이 그다지 일어나지 않게 되면 감정을 잘 느낄 수 없게 된다는 것입니다. 그리고 이 예측은 현실 사례를 찾아보면 맞는지 판단할 수 있습니다.

실제로 현실 사례를 찾아보니 신체의 손상으로 감정이 부족해진 사람도 있었지만 그렇지 않은 사람도 있었습니다. 이것은 현실 사례가 다양하기 때문입니다. 신체의 손상 정도는 사람에 따라 다릅니다. 또한 손상된 후에 생활 습관이 바뀌었기 때문에 감정에 영향을 미쳤을 수도 있습니다. 어떤 학설을 검증하는 데 딱 맞는 사례가 쉽게 발견되는 것은 아닙니다.

이처럼 여러 현실 사례를 봐도 어느 학설, 이론, 해석이 옳은지 판단할 수 없는 일은 많이 있습니다. 그런 경우에는 조금 더 추상적인 담론, 철학적인 고찰이 필요합니다. 즉 그 학설이 설명해야 할 것을 잘 설명하고 있는지, 모순은 없는지, 일관성은 있는지 등을 검토해야 합니다.
 이제 그런 관점에서 제임스-랑게 이론을 검토해봅시다. 그렇다면 제임스-랑게 이론에는 감정의 역할이 설명되어 있는지 의심이 생기는군요.

정말 신체 반응이 감정의 전부일까?

'가치'를 인식하는 감정

제임스-랑게 이론을 비롯하여 신체 반응만을 중시하는 단순한 감정 이론에는 결점이 있습니다. 신체 반응을 느껴서 알 수 있는 것은 신체 반응뿐이지 않은가 하는 점입니다. 왜 이것이 문제가 되는지 이해하기 위해서 애초에 감정이 어떤 역할을 하는지 알아봅시다.

우선 슬픔을 경험하는 다양한 상황을 떠올려봅시다. 키우던 애완견이 죽거나, 지갑을 잃어버리거나, 연인과 헤어지는 등 사람은 여러 가지 상황에서 슬픔을 느낍니다. 슬픔을 느끼는 상황은 다양하지만 거기에는 공통점이 있습니다. 바로 소중한 대상의 상실입니다. 애완견, 지갑, 연인 모두 자신에게 소중한 대상이고 그것이 없어졌을 때 슬픔을 느낍니다. 즉 슬픔은 중대한 상실을 알아차리는 감정입니다.

다른 감정도 마찬가지입니다. 산속에서 우연히 뱀을 만나거나, 낭떠러지 절벽 앞에 서 있거나, 혼자서 어두운 밤길을 걸어가고 있는 상황에서 사람은 공포를 느낍니다. 공포를 느끼는 상황의 공통점은 자신에게 위험이 다가온다는 점입니다. 또한 화를 느끼는 경우는 다른 사람에게 불평을 듣거나, 지갑을 도둑맞는 등 자신이 부당한 취급을 받게 되는 어떤 침해가 있다는 공통점이 있습니다. 기쁨을 느낄 때는 자신에게 좋은 일이 일어났다는 점이 공통되지요.

즉 감정은 자신을 둘러싼 상황의 가치에 대해 반응하는 것입니다. 여기서 말하는 '가치'는 자신의 생명이나 생활에 영향을 미칠 것 같은 중요한 것을 의미합니다. 일반적으로 '가치가 있다'는 것은 생명이나 생활을 윤택하게 해주는 것, 긍정적으로 작용하는 것을 의미합니다. 하지만 여기서는 긍정적인 영향뿐만 아니라 부정적인 영향을 미치는 것도 '가치'라고 합니다. 공포는 '위험'이라는 부정적인 가치를, 기쁨은 '좋은 일'이라는 긍정적인 가치를 인식합니다.

감정은 가치를 인식하는 기능을 한다는 점을 근거로 하면 신체 반응을 중시하는 감정 이론의 결점은 분명해질 것입니다. 이 이론의 대표 사례인 제임스—랑게 이론에 의하면 감정은 신체 반응을 스스로 느껴 아는 것(신체 반응의 감각)이었습니다. 공포는 심장이 두근거리거나, 호흡이 가빠지거나, 근육이 긴장하거나 하는 것을 느낍니다. 이에 관해 앞에서 한 이야기를 미루어보면 공포는 위험을 감지하는 역할을 합니다.

하지만 자신의 신체 상태를 감지해서 알게 되는 것은 자신의 신체가 어떤 반응을 하는가 하는 것뿐이겠지요. 심장의 두근거림을 느껴서 알게 되는 것은 심장이 두근거리고 있다는 것뿐입니다. 마찬가지로 근육의 긴장을 느껴서 알아차리는 것은 근육의 긴장입니다. 이것을 안다고 해도 위험이 다가오는 것을 아는 건 아닙니다.

즉 신체를 중시하는 감정 이론은 감정이 가진 '가치를 인식하는 역할'을 설명할 길이 없습니다. 따라서 이 이론이 감정을 설명하는 이론으로 불충분하다는 주장이 있는 것입니다.

하지만 감정과 신체가 아무런 관계가 없다고 생각하는 것은 성급한 판단입니다. 왜냐하면 감정에는 신체 반응의 측면과 가치를 인식하는 측면이 있다고 생각할 여지도 있기 때문입니다. 다음으로 감정과 신체의 관계를 나타내는 예로 '안면 피드백 가설facial feedback hypothesis'에 대해 알아봅시다.

안면 피드백 가설

이 가설에 의하면 웃는 표정을 지으면 그 영향으로 조금 즐거워지고, 얼굴을 찌푸리면 조금 싫은 기분이 된다고 합니다. 상식적으로 보면 즐거움(감정)이 웃는 얼굴(표정)을 만들어낸다고 생각할 수 있지만, 웃는 얼굴(표정)이 즐거움(감정)의 마중물이 되는 역방향의 영향(피드백)이 있습니다.

프리츠 슈트락Fritz Strack과 연구진은 그것을 확인하기 위해 실험을 했습니다. 그들은 실험 참가자들에게 펜을 주고 한 그룹은 입술로 물게 하고, 다른 그룹은 이로 물게 했습니다. 그러자 입술로 펜을 물게 한 그룹은 찡그린 표정이 되고, 이로 물게 한 그룹은 웃는 표정이 되었습니다.

실험 참가자들은 이런 조건을 유지하며 만화를 읽은 후 얼마나 재미있게 봤는지 평가했습니다. 그 결과 펜을 이로 물고 있었던 그룹이 입술로 물고 있었던 그룹보다 만화를 더 재미있게 봤다고 평가했습니다. 이런 결과는 찡그린 표정보다 웃는 표정으로 조금 더 즐거워진다는 것을 의미합니다. 웃는 얼굴을 만드는 것만으로 즐거움이 0에서부터 생겨나는 것은 아니겠지만, 이미 존재하는 즐거움을 증폭시키는 효과가 있다고 말할 수 있습니다.

이런 실험뿐만 아니라 평상시 경험 속에서도 신체에서 감정으로의 영향을 나타내는 예를 찾을 수 있습니다. 예를 들어 분노, 공포, 패닉에 빠졌을 때 심호흡하면 안정이 된다고 합니다. 이런 감정을 경험할 때는 호흡이 약해지기 쉬운데 그럴 때 의도적으로 심호흡을 하면 신체 반응을 의도적으로 통제하게 됩니다. 이로써 감정을 의도적으로 통제할 수 있다고 생각하는 것이지요.

이런 예를 통해서 감정에는 신체적 측면이 있다고 생각

할 수 있습니다. 하지만 이것만으로는 부족하기에 가치를 인식하는 측면도 있다고 생각해야 합니다.

그러면 가치를 인식하는 기능이란 무엇일까요? 대표적인 것은 사고나 판단입니다. 이전 강의에서도 사고에 대해서 잠깐 이야기했는데, 다음 강의에서는 더욱 들어가 신체 반응과 사고를 조합하는 감정 이론을 설명하겠습니다.

Philosophy of Emotion

4강

인간의 사고를 중시하는
감정 이론

감정은 가치를 인식하는 역할을 해서 신체 반응을 중시하는 감정 이론만으로는 설명할 수 없다고 이야기했습니다. 이번 강의에서는 가치를 인식하는 사고나 판단을 중시하는 감정 이론을 소개합니다.

첫째, 가치를 인식하는 감정의 기능을 '지향성'이라는 철학 용어로 특징짓습니다.
둘째, 감정을 사고와 신체 반응의 조합으로 이해하는 주장을 소개합니다.
셋째, 가치를 인식하는 사고란 무엇인지 검토합니다.
넷째, 2강에서 살펴본 감정의 본질을 정리해봅니다.

마음을 특징짓는 '지향성'

무엇을 생각하는 마음인가

감정뿐만 아니라 마음에 관한 현대 철학의 중심에는 지향성intentionality이나 관함aboutness이라고 불리는 개념이 있습니다. 지향성이란 '무엇을 향해 있다', '무엇에 관한 것이다', '대상을 가진다'는 특징이 있습니다. 이것만으로는 이해하기 어려우니, 구체적으로 이야기해봅시다.

'생각한다'는 마음 상태를 살펴봅시다. 수학 문제를 생각한다, 내일 아침에 뭘 먹을지 생각한다, 내년에 개최될 올림픽을 생각한다 같은 마음의 상태가 성립할 때는 반드시 그 대상이 있습니다. 수학 문제, 내일 아침 식사, 내년 올림픽이 곧 생각의 대상입니다. 즉 '생각한다'는 마음 상태는 무언가에 관해서 생각하지 않고는 성립하지 않습니다. 생각할 때는 '무언가에 관해서' 생각해야 합니다.

앞서 말했듯이 내일 아침 식사에 관해 생각하는 사고는 내일 아침 식사를 향해 있습니다. 그 사고는 내일 아침 식사를 대상으로 합니다. 이때 내일 아침 식사는 사고의 '지향성이 향해 있는 것'이라는 의미로 '지향적 대상'이라고 합니다.

주의해야 할 점은 지향적 대상이 현실에만 존재하는 것이 아니라는 사실입니다. 내일 아침 식사로 달걀프라이를 만들려고 생각할 때 그 달걀프라이는 아직 존재하지 않습니다(재료는 있을지 모르지만). 내년에 개최될 올림픽에 관해서는 '혹시 개최되었다면 이랬을 거야'라고 생각할 수도 있습니다. 그리고 페가수스(그리스 신화에 나오는 날개 달린 말—옮긴이)처럼 상상 속의 대상을 생각할 수도 있지요.

다음으로 지각을 살펴봅시다. '본다'는 마음 상태, 시각 상태가 성립할 때는 반드시 볼 수 있는 대상이 있습니다. 예를 들어 뱀을 보면 뱀이 보입니다. 이때의 시각 상태는 '뱀을 향해 있다', '뱀에 관한 것이다', '뱀을 대상으로 한다' 등의 상태입니다.

'생각한다'는 것과 마찬가지로 '보는 것'과 '보이는 것'은 반드시 쌍을 이룹니다. 아무것도 보이지 않는데 '본다'는 시각의 상태만 성립할 수는 없습니다. 캄캄한 어둠 속에 있어서 "아무것도 안 보여"라고 말하는 상황이라도 어두컴컴함이 보이기 마련입니다. '어두워서 아무것도 안 보인다'는 것은 '빛이 있었다면 보였을 물체가 지금은 인식할 수 없다'는 의미지요.

지각도 사고와 마찬가지로 존재하지 않는 것이 대상이 될 수 있습니다. 예를 들어 뇌의 이상으로 분홍 코끼리의 망상이 보일 때 그 시각의 상태는 존재하지 않는 분홍 코끼리를 대상으로 합니다. 망상이 보인 원인은 뇌의 이상이지만, 뇌의 이상 자체가 시각의 대상이 되지 않습니다.

다른 마음 상태도 마찬가지입니다. 라면을 먹고 싶은 욕구는 라면을 대상으로 합니다. 네시^{Nessie}(스코틀랜드 네스 호수에 산다는 전설의 괴물-옮긴이)를 잡고 싶은 욕구는 아마도 존재하지 않는 네시를 대상으로 합니다. 무 대륙$^{continent\ of\ mu}$(고대에 태평양에 있었다는 전설의 대륙-옮긴이)이 존재한다고 믿을 때 믿어지는 대상은 무 대륙입니다.

이처럼 마음의 상태는 어떤 대상을 가집니다. 그리고 대상을 가진다는 특징, 즉 지향성은 마음을 특징짓는 중요한 요소 중 하나가 됩니다. 지향성이 어떻게 마음에 갖춰졌는지에 관해서 여러 가지 의견이 있지만, 마음이 지향성을 가진다는 점에는 동의한다고 할 수 있습니다.

그렇다면 감정도 지향성이 있고, 어떤 대상을 향해 있다고 생각할 수 있습니다. 그리고 그 대상이 '가치'입니다. 공포는 위험을 대상으로 하고, 분노는 침해를, 기쁨은 자신의 목적에 맞는 것을, 슬픔은 소중한 것의 상실을 대상으로 합니다.

감정의 두 가지 대상

감정의 대상은 가치라고 이야기했는데 주목해야 할 점이 있습니다. 감정의 대상에는 두 가지 의미가 있다는 점입니다.

보통 "뱀이 무서워", "강도가 무서워", "낭떠러지 앞에 서 있는 것이 무서워"라는 표현이 자연스럽지요. 이런 표현에서 나타나는 공포의 대상은 뱀, 강도, 낭떠러지 같은 구체적인 사물입니다. 일상적인 표현을 기준으로 하면 공포의 대상은 이렇게 구체적인 사물이 되겠지요.

한편 공포를 일으키는 구체적인 것에는 '신변에 위험을 초래한다'는 공통점이 있습니다. 뱀, 강도, 낭떠러지, 전쟁, 병, 내년에 일어날 듯한 금융위기 등 특징이 꽤 다른 다양한 것들이 공포와 같은 감정을 일으키는 이유는 모두 신변의 위험을 초래하기 때문입니다. 감정을 일으키는 구체적인 사물의 공통점을 기준으로 하면 공포의 대상은 신변의 위험이라는 가치가 됩니다.

감정은 뱀과 같이 구체적인 대상을 향해 있을 뿐만 아니라, 그 구체적인 대상이 자신에게 좋은 영향을 주는지 나쁜 영향을 주는지를 평가하는 역할을 합니다. 그리고 이에 따라 감정의 대상도 두 종류로 나누어집니다. 뱀이나 낭떠러지와 같은 각각의 무서운 것은 '구체적인 대상'이라고 하며, 위험처럼 공통적인 것은 '형식적인 대상'이라고 합니다.

다른 감정도 같은 방법으로 이해할 수 있습니다. 시험에 합격한 기쁨의 경우 구체적인 대상은 '시험의 합격'이고, 형식적인 대상은 '목표에 도달한 것'입니다. '지갑을 잃어버린 사건'은 슬픔의 구체적인 대상이며, '소중한 것의 상실'이 슬픔의 형식적인 대상입니다. '다른 사람에게 불평을 들은 것'은 화의 구체적인 대상이고, '자신에 대한 침해'가 화의 형식적인 대상입니다.

존재하지 않는 것도 지향성의 대상이 된다고 했습니다. 물론 감정도 마찬가지지요. 산길에 떨어진 로프를 보고 뱀으로 착각해서 공포를 느낄 때, 그 공포의 구체적인 대상은 '존재하지 않는 뱀'이고, 형식적인 대상은 '존재하지 않는 위험'입니다.

가치에 관해서 아직 설명해야 할 부분(감정의 옳고 그름과 문화적 가치)이 남아 있지만, 그 내용은 5강과 6강에서 설명하겠습니다.

감정에는 사고나 판단이 개입된다

지금까지의 이야기를 바탕으로, 신체 반응을 중시하는 감정 이론의 결점을 다시 이야기해봅시다. 그런데 신체 반응의 감각으로는 감정의 지향성을 설명할 수 없습니다. 공포를 느끼는 상황에서는 심장 박동이 빨라지는 것을 느낄 수 있는데 그 감각의 지향적 대상은 심장 박동의 속도입니다. 그러므로 감정과 신체 반응의 감각을 동일시하면 공포의 대상은 심장 박동의 속도가 됩니다. 하지만 이것은 정말 이상해 보이지 않나요? 공포에 대비하는 지향성의 대상은 뱀과 같은 구체적인 사물이나 그것이 초래하는 신변의 위험이기 때문입니다.

따라서 위험 등을 대상으로 할 수 있는 마음의 상태에는 사고나 판단이 개입되어 있습니다. 이 사고나 판단을 '인지'라고 하기도 합니다. 감정에는 신체 반응도 포함되어 있지만, 자신을 둘러싼 상황이 어떤 가치를 가지는지는 감정에 포함된 인지적 요소에 의해 인식됩니다.

다음으로 감정을 신체 반응과 사고의 조합으로 여기는 주장과 그 근거가 되는 몇 가지 실험을 소개하겠습니다.

감정이란 신체 반응과
사고가 조합된 것

감정의 이요인 이론

감정의 이요인 이론 two-factor theory을 소개합니다. 이 이론에 따르면 감정은 신체 반응의 해석입니다.

산속에서 우연히 뱀을 만났다고 가정해봅시다. 그 순간 먼저 심장이 두근거리고 호흡이 가빠지기 시작합니다. 그리고 이 두근거림은 위험한 뱀 때문에 시작되었다고 해석합니다. 이런 신체 반응과 해석의 조합이 공포라는 감정입니다.

이 주장에서 중요한 점은 다음과 같습니다. 신체 반응의 해석으로 감정이 결정된다는 것은 같은 신체 반응이라도 그것을 해석하는 방법에 따라 감정이 달라진다는 것입니다.

'출렁다리 효과'를 들어본 적 있나요? 몹시 흔들리는 다리를 건넌 후 심장이 두근거릴 때 이성을 만나면 그 두근거림을 연애 감정으로 착각한다는 것입니다. 사실 이 효과는 감정의 이요인 이론을 바탕으로 합니다. 심장의 두근거림은 해석에 따라 공포가 되거나 연애 감정이 됩니다. 다만 이 실험은 출렁다리에서 만난 이성이 매력적이지 않으면 성공할 수 없다는 주장도 있습니다.

여기서는 감정의 이요인 이론을 창시한 스탠리 샤흐터와 제롬 싱어의 실험 일부를 사용하여 감정의 이요인 이론을 설명하겠습니다.

샤흐터와 싱어는 실험 참가자들에게 시력 효과를 알아보는 약이라고 말한 후 아드레날린을 주사했습니다. 아드레날린을 맞은 실험 참가자들은 심장이 빨라지고 호흡이 가빠졌습니다. 주사를 맞은 후 실험 참가자들은 두 개의 그룹으로 나뉘었습니다. 한쪽 그룹은 약의 부작용으로 심장이 두근거릴 수 있다는 안내를 받았습니다. 하지만 다른 그룹은 아무 말도 전달받지 않았습니다.

조건과 상관없이 모든 참가자는 약의 효과가 나타날 때까지 방에서 기다린 후 설문지에 답했습니다. 그 설문지의 내용은 매우 무례했는데, "당신의 어머니는 몇 명의 사람과 불륜을 저질렀다고 생각합니까?"와 같은 질문도 있었습니다. 게다가 그 방에는 실험 협력자(엑스트라)가 있었습니다. 그 사람은 실험 참가자들과 마찬가지로 설문지 작성에 참여했는데 질문을 읽고 화를 내다가 끝내는 설문지를 찢어버리며 방을 나가버렸습니다.

그러면 약의 부작용을 안내받은 참가자들과 안내받지

못한 참가자들은 어떤 차이를 보였을까요? 약의 부작용을 안내받지 못한 참가자들은 분노를 느꼈다고 보고했지만, 안내받은 참가자들은 그렇지 않았다고 합니다.

왜 이런 차이가 발생했을까요? 양쪽 모두 아드레날린을 주사했기에 심장이 두근거리거나 호흡이 가빠졌습니다. 이때 약의 부작용 가능성을 안내받지 못한 참가자들은 자신이 무례한 상황에 놓여 있어서 심장이 두근거린다고 해석했습니다. 따라서 그 상황에 분노를 느꼈습니다. 옆의 참가자가 설문지를 작성하며 몹시 화를 내고 있기에 자신이 분노를 느끼는 것도 당연하다고 생각했을 것입니다. 한편 약의 부작용을 안내받은 참가자들은 이때의 두근거림을 약 때문이라고 해석했습니다. 따라서 그 상황에 그렇게 화가 나지 않았던 것이지요.

이 실험의 핵심은 이것입니다. 양쪽 실험 참가자들에게 아드레날린을 주사하고 그로 인하여 신체 반응이 일어납니다. 하지만 그 신체 반응을 어떻게 해석하는지에 따라 화를 내거나 화를 내지 않게 됩니다. 그리고 이때의 해석은 자신이 어떤 상황에 놓여 있는지, 그 상황이 어떤 가치를 가지고 있는지를 근거로 이루어졌을 것입니다. 이 실험에서는 부당한 대우를 받고 있다고 생각했기에 신체 반응은 분노의 신체 반응으로 해석되었습니다(동일한 신체 반응을 기쁨으로 해석하는 실험도 시행되었습니다).

신체 반응과 사고, 뭐가 먼저일까?

감정의 이요인 이론은 먼저 신체 반응이 일어난 후에 사고(해석)가 발생한다고 합니다. 하지만 일상적인 경험에서 보면 반대의 순서가 더 자연스러워 보입니다. 늦잠을 자서 초조함이나 두려움을 느끼는 상황을 떠올려봅시다. 알림 시계를 보고 시간을 확인합니다. 그리고 늦잠을 잤다는 사실을 깨닫고는 식은땀이 나거나 심장이 두근거리게 되지요.

신체 반응보다 사고가 먼저라는 주장에서는 '평가이론'이 유명합니다. 평가는 그 대상이 자신에게 어떤 중요성이 있는지를 판단하는 것입니다. 즉 대상의 가치를 인식하는 사고입니다. 예를 들어 평가를 자신이 침해받고 있다, 신변의 위험이 다가오고 있다, 소중한 것의 상실이 일어났다는 판단으로 이해할 수 있을까요?

리처드 라자루스와 엘리자베스 앨퍼트는 가치의 중요성을 나타내기 위해 다음과 같은 실험을 했습니다. 실험 참가자들은 오스트리아 토착민 남성의 성인이 되기 위한 통과의례를 비디오로 봤습니다. 그 통과의례는 생식기를 개조하는 것으로 마취 없이 뼈를 찌르는 등 매우 기괴한 모습이었습니다. 비디오는 두 가지 버전으로, 양쪽 모두 같은 영상이었지만 한쪽 영상에는 의식을 받는 사람의 고통이나 트라우마를 강조하는 듯한 내레이션이 있었습니다. 반면 다른 영상에는 성인이 되기 위한 통과의례를 과학적, 문화인류학적으로 해설한 내레이션이 있었습니다.

그러면 두 가지 내레이션으로 어떤 차이가 발생했을까요? 트라우마를 강조하는 듯한 영상을 본 실험 참가자들은 불쾌한 감정을 강하게 느꼈고 자율 신경계의 반응 또한 컸다고 합니다. 반면에 과학적, 문화인류학적으로 해설한 영상을 본 실험 참가자들은 자율 신경계의 반응과 불쾌한 감정이 억제되었다고 합니다.

양쪽 그룹 모두 같은 영상을 보았기 때문에 영상을 본 후의 신체 반응과 감정의 차이는 영상이 아닌 내레이션을 듣고 이해한 내용의 차이에서 발생했다고 할 수 있습니다. 이 의식을 가혹하다고 평가했기에 신체 반응이 커지거나 불쾌한 감정이 생겼다고 생각됩니다. 의식을 냉정하게 평가했을 때는 신체 반응이나 불쾌한 감정이 그다지 일어나지 않았습니다.

이런 점을 보면 우선 평가가 앞서고 그 평가가 신체 반응을 일으킨다고 할 수 있습니다. 그리고 그런 평가와 신체 반응의 조합이 감정인 것입니다.

언어를 알아야 사고할 수 있을까?

지금까지 감정이 신체 반응과 사고의 조합이라는 주장과 그 근거가 되는 두 가지 실험을 소개했습니다. 구체적인 실험이 있기에 감정이 신체 반응과 사고가 조합된 것은 분명하다고 생각할 수도 있습니다.

하지만 그렇게 간단한 문제는 아닙니다. 아직도 이와 관련해서 검토해야 할 부분이 남아 있기 때문이지요. 문제는 두 가지 실험에서 중요한 열쇠인 사고는 꽤 고도의 이성 작용이라는 점입니다.

샤흐터와 싱어의 실험에서 감정의 차이는 약의 부작용을 알고 있는지에 따라 달라진다고 해석했습니다. 라자루스와 앨퍼트의 실험에서 감정의 차이는 영상과 함께 나오는 내레이션의 차이로 일어났습니다. 약의 부작용 설명과 영상의 내레이션은 언어로 이루어졌는데 언어를 사용하는 사람만이 그것을 이해할 수 있습니다. 따라서 두 실험에서 감정의 차이를 일으키는 것은 언어적인 사고라고 말할 수 있지요.

그러나 감정과 관련한 사고가 반드시 언어적이라는 주장은 받아들이기 어려워 보입니다. 이를 이해하기 위해 2강에서 언급한 언어를 배우지 못한 아기를 생각해봅시다. 만약 감정과 관련한 사고가 언어적이라면 언어를 사용하지 않는 아기는 감정이 없다고 할 수 있습니다. 그러나 그 주장은 믿기 어렵습니다. 아기는 친근한 사람이 다가오면 기쁨을, 혼자 두면 슬픔을, 낯선 사람이 다가오면 두려움을 느끼는 듯 보입니다. 사람이 아닌 동물을 생각해봐도 좋습니다. 언어를 사용하지 않는 동물도 기쁨, 슬픔, 공포를 느끼는 것 같습니다.

게다가 이미 언어를 사용하는 사람이라도 언어에 의존하지 않고 감정을 품을 수 있습니다. 예를 들어 뱀이 눈앞에 나타나서 공포로 머릿속이 하얘질 때가 있습니다. 이때 '뱀이다! 위험해! 도망가자!'라는 말이 마음속에 떠오르지는 않지요.

공포를 느끼는 두 가지 경로

여기서는 언어적인 사고에 근거하지 않는 것으로 보이는 감정의 한 가지 예를 소개합니다. 그것은 공포입니다.

공포는 편도체라는 뇌 영역의 활성에 기반을 두고 있

습니다. 편도체는 공포에 관여하는 신체 반응, 심박수나 호흡, 호르몬 수준의 변화를 통제하는 영역입니다. 이 영역이 손상되면 일반적으로 공포를 일으키는 대상을 보여줘도 공포 특유의 자율 신경 반응이 일어나지 않습니다. 게다가 타인의 겁에 질린 표정을 보거나 두려워하는 목소리를 들어도 그것을 '무서워하는 표시'로 인식할 수 없다고 합니다.

그리고 여기서 중요한 사실은 눈에 들어온 정보가 편도체로 전달되는 경로가 두 가지라는 것입니다. 눈으로 들어온 정보는 우선 시상에 보냅니다. 그리고 시상에서는 이것을 두 가지 경로를 통해 편도체로 보냅니다. 먼저 한쪽 경로에서는 정보를 감각피질로 보냅니다. 거기서는 보내진 정보와 기억에 축적된 정보를 대조한 후에 정보를 편도체로 전달합니다. 한편 다른 한쪽의 경로에서는 시상에서 편도체로 직접 정보를 보냅니다. 이 경로는 편도체로 가는 빠른 길이라

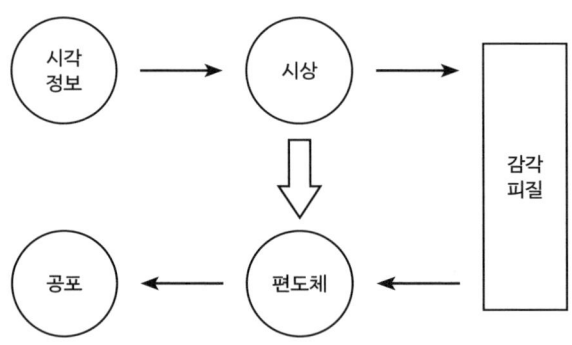

시각 정보가 편도체로 가는 두 가지 경로

서 첫 번째 경로의 절반 정도의 시간으로 공포를 일으킬 수 있다고 합니다.

빠른 경로는 위험한 일에 신속하게 대처하기 위해 대비하는 것으로 보입니다. 뱀 같은 물체가 눈에 보였을 때 그것에 다가가서 기억과 대조하여 정말 뱀인지를 판단하면 물릴 가능성이 커집니다. 따라서 자세히 확인하는 것보다 바로 공포를 느끼고 도망치는 편이 더 좋습니다. 만약 잘못 봤다면 '뭐야, 뱀이 아니잖아'라며 지나갈 수 있지만 물리면 죽을 수도 있습니다. 빠르게 공포를 느끼는 것은 이런 이점이 있습니다.

여기서 언어와의 관계에 대해 이야기해봅시다. 이 빠른 경로는 대뇌 신피질 같은 고도의 사고 영역을 거치지 않은 채 눈으로 들어온 위험한 대상에 관한 정보가 편도체로 보내집니다. 그리고 편도체는 공포에 관여하는 신체 반응을 통제합니다. 그렇다면 이 경로가 활성화할 때는 언어적 사고가 관여하지 않은 채 공포가 생긴다고 생각할 수 있지요.

언어를 몰라도 가치를 인식할 수 있다

지금까지 이야기한 내용을 보면 언어적 사고에 바탕을 두지 않은 감정이 있다고 생각됩니다. 그렇다고 해서 '감정에 사고적 작용이 없어도 괜찮다'는 말은 아닙니다. 지향성을 이야기할 때 설명했듯이 가치를 인식하는 감정의 역할은 신체 반응으로는 설명할 수 없으므로 그 역할을 하기 위해서는 사고가 필요합니다. 그렇다면 이렇게 생각해보면 어떨까요? 사고에는 단계가 있다고 말입니다.

한편 언어를 사용하지 않는 아기나 동물도 가능한, 언어에 근거하지 않은 사고가 있을 것입니다. 그런 사고는 굳이 말로 표현하자면 "싫어", "더 원해"와 같이 단순한 내용밖에 없겠지요. 하지만 단순한 내용의 사고로도 어느 정도의 가치를 인식할 수 있습니다. 언어를 사용하지 않는 생물은 그렇게 단순한 내용의 사고를 포함한 감정을 가진다고 생각할 수 있겠지요.

다른 한편으로 더욱 복잡한 사고도 있습니다. 그런 사고는 진화로 지능이 높아지거나 성장하여 말을 할 수 있게 되면서 가능해집니다. 그리고 언어적 사고에 근거한 감정도 있다고 생각합니다. 앞서 이야기한 두 가지 실험에서 강조하는 것은 이런 감정일 것입니다. 약 부작용 설명이나 영상의 내레이션을 이해하면서 생기는 감정이지요. 아기나 동물은 약 부작용 설명이나 영상의 내레이션을 이해할 수 없습니다. 하지만 그것을 이해할 수 있기에 일어나는 감정도 있습니다. 복잡한 사고를 바탕으로 한 감정에 관해서는 6강에서 자세하게 살펴봅시다.

지금까지의 이야기를 정리하면 이렇습니다. 감정에는 가치를 인식하는 사고가 필수이지만, 그 사고는 반드시 언어적이지 않아도 됩니다. 언어를 사용할 수 없어도 가능한 사고로 가치를 인식할 수 있고 그것이 감정의 구성 요소가 됩니다.

감정의 본질을
다시 생각해보자

　2강에서부터 감정이 무엇인지 생각해봤습니다. 지금까지 한 이야기로 그 답이 어느 정도 보였으리라 생각합니다. 이제 그 내용을 정리해봅시다.

　감정에는 이번 강의에서 설명한 사고적 측면과 이전 강의에서 설명한 신체적 측면, 두 가지가 있습니다. 사고적 측면은 자신이 처한 상황의 가치를 인식합니다. 공포의 경우 자신의 신변에 위험이 다가오는 것을 인식할 수 있습니다. 신체적 측면은 공포의 경우 심장이 두근거리거나 호흡이 가빠지는 등의 신체 반응이 있습니다.

　신체 반응은 가치를 인식하는 사고를 근거로 하면 가치에 대한 대처로 이해할 수 있습니다. 호흡이 가빠지면 더 많은 산소가 흡수되고, 심박수가 올라가면 혈류가 잘 통하게 되어 흡수된 산소가 온몸으로 골고루 퍼져 나갑니다. 이로 인하여 위험한 것으로부터 도망가거나 싸우기 위한 준비를 할 수 있습니다. 즉 감정은 가치를 인식하는 사고와 가치에 대처하기 위한 신체적 준비의 조합으로 이해할 수 있습니다.

감정의 신체적 측면과 사고적 측면을 어떻게 이해할지는 감정 연구의 중요한 주제 중 하나입니다. 그것은 지금까지 전한 강의로 어느 정도 설명되었다고 생각합니다. 다음 강의부터는 또 하나의 중요한 주제인 인간의 기본 감정과 복잡한 감정의 차이를 알아봅시다.

Philosophy of Emotion

5강

감정은 어디까지 맞고 어디까지 틀릴까?

이번 시간부터는 감정 연구에서 또 하나의 중요한 주제인 기본 감정과 복잡한 감정의 차이를 알아보겠습니다.

그 전에 먼저 정리할 부분이 있습니다. 지금까지 감정은 가치에 대한 반응이라고 이야기했습니다. 따라서 기본 감정과 복잡한 감정도 가치에 대한 반응입니다. 하지만 가치에도 여러 가지 복잡성이 있으므로 이번 강의에서는 가치의 복잡성을 포함하여 감정과 가치의 관계를 정리하려고 합니다.

첫째, 감정은 객관적인 가치에 반응한다는 점을 설명합니다.
둘째, 객관적인 가치를 인식할 수 있는지에 따라 감정은 맞고 틀릴 수 있다는 점을 살펴봅니다.
셋째, 기본 감정이란 무엇인지 알아봅니다.
넷째, 모든 감정의 특징인 유인가誘引價를 소개합니다.

감정은 객관적인 가치에 반응한다

"가치는 사람마다 생각하는 게 제각각이야."
"가치관이 맞지 않아."

이런 말을 자주 들어봤을 겁니다. 내가 좋다고 생각하는 것과 타인이 좋다고 생각하는 것이 일치하지 않는 일이 종종 있습니다. 그 경험을 토대로 가치는 주관적이라고 생각할 수 있습니다. 즉 내가 좋아하는 것은 가치가 높고, 내가 싫어하는 것은 가치가 낮다는 것입니다.

주관적인 취향은 분명히 존재하고, 취향에 따라서 타인과 공유할 수 없는 감정도 있을 것입니다. 하지만 여기서는 감정이 객관적인 가치에 반응한다는 점에 대해 설명하고자 합니다.

공포심의 상대성

폭이 50센티미터 정도 되는 개울을 건너뛰는 모습을 떠올려볼까요? 건장한 어른은 이 개울을 쉽게 건너뛸 수 있습니다. 하지만 어린아이는 건너뛰기를 무서워합니다. 다시 말해 문제가 되는 사물은 같아도 사람에 따라 두려움을 느끼는 것이 다르기에 감정은 사람마다 제각각이라고 생각할 수 있습니다.

그런데 그렇게 단순하지는 않습니다. 우선 공포는 위험을 인식하는 감정이라는 것을 떠올려봅시다. 그렇다면 이때 아이는 위험성을 인식하지만, 어른은 그렇지 않습니다. 그리고 그 개울은 실제로 아이에게는 위험하지만, 어른에게는 위험하지 않습니다. 위험성이 신체적 조건에 따라 달라지기 때문입니다.

그러면 위험성은 주관적일까요? 그렇지 않습니다. 어린아이가 폭 50센티미터의 개울을 건너뛰는 행동이 위험하다는 것은 객관적인 사실입니다. 아이가 '괜찮아! 위험하지 않아'라고 아무리 생각해도 여전히 위험합니다. 이 아이가 개울을 무사히 건너뛰었어도 그것은 위험을 극복한 것이지 위험이 없었다는 것은 아닙니다.

뱀의 위험성을 생각해봅시다. '뱀은 무섭지 않아!'라고 아무리 생각해도 뱀이 위험한 동물이라는 사실은 변하지 않습니다. 뱀이 위험하지 않게 될 때는 뱀을 포획하는 기술과 경험이 있고 뱀을 잡을 수 있는 장비를 갖추었을 때일 것입니다. 그러나 이런 조건이 충족되지 않을 때는 뱀이 위험하다는 것은 객관적인 사실입니다.

이런 점을 생각하면 확실히 가치와 그것을 인식하는 감정에는 상대성이 있다고 할 수 있습니다. 일정한 조건이 충족되는지에 따라서 위험성이 달라지고, 이로 인하여 공포의 발생 여부가 바뀝니다. 그러나 이 상대성은 가치가 주관적이라든가, 자신의 선호라는 것을 의미하지 않습니다. 이 사람에게는 위험할지라도 다른 사람에게는 위험하지 않은 이유는 물리적, 신체적 조건인 객관적인 조건에 의해 결정되기 때문입니다.

상석과 말석을 따지는 사람, 따지지 않는 사람

문화적인 가치에도 객관성이 있습니다. 물론 문화가 다르면 중요하게 여기는 가치가 달라지므로 거기에 따라서 감정도 문화마다 다르다는 상대성이 있습니다. 하지만 문화의 상대성이 주관성을 의미하지 않습니다.

예를 들어 상석과 말석이라는 일본 문화가 있습니다. 최고 윗사람은 여기에 앉고, 다음 윗사람은 여기에, 제일 아랫사람 자리는 여기라고 하는 규칙이 있습니다. 혹시 그것을 모르고 제일 아랫사람이 최고 윗사람이 앉을 자리에 앉앉다면 굉장히 혼나겠지요. 자리를 틀린 사람은 규칙을 어겼고, 이로 인해 침해의 감정인 화를 사게 되는 것입니다.

일본 사람 중에도 앉는 순서는 아무래도 좋으니 그런 규칙은 이해할 수 없다고 생각하는 사람도 있을 것입니다. 그런 사람이 볼 때는 앉는 장소와 지위는 아무런 관계가 없으므로 상석과 말석의 관습은 이해할 수 없는 것이지요. 이들은 앉는 순서의 규칙을 지키는 사람과는 다른 가치관을 가진 공동체에 속하게 됩니다. 중요하게 여기는 가치가 다른 공동체에 속해 있는 것이지요.

이처럼 가치관으로 공동체가 나뉜다고 해도 가치가 주관적이라던가 기분에 따라 하자고 할 수는 없습니다. 왜냐하면 앉는 순서를 중요하게 생각하지 않는 사람이 적당히 아무 데나 앉는 행동은 앉는 순서를 중요하게 생각하는 공동체의 사람, 즉 그 공동체의 내부에서는 여전히 침해행위가 되기 때문입니다. 앉는 순서를 무시하는 사람이 아무리 앉는 순서가 중요하지 않다고 생각해도, 앉는 순서를 중요하게 생각하는 사람이 그것을 중요하게 생각하지 않게 되는 것은 아닙니다. 그런 행동을 하는 중에 다른 사람이 영향을 받아 앉는 순서를 신경 쓰지 않는 사람이 늘어날 수도 있지만, 한 번 정착된 가치는 개인의 기분에 따라 쉽게 바뀌지 않습니다. 그러므로 공동체마다 가치가 상대적이라고 할지라도 공동체 내에서는 객관적으로 여겨지는 가치가 있습니다.

객관성의 정도

개울과 뱀의 예에서는 위험성이 신체적 조건에 따라서 정해집니다. 이에 반해 앉는 순서의 예는 지위를 나타내는 사회적 규칙, 사회적 조건으로 침해 여부가 결정됩니다. 그리고 신체적 조건과 비교하면 사회적 조건은 우연적입니다. 인간이 지닌 운동 능력은 생물학적으로 결정되어 변경할 수 없지만, 지위를 나타내는 방법은 생물학적으로 결정되어 있지 않습니다. 그래서 지위는 앉는 순서 이외의 방법으로도 나타낼 수 있습니다.

이런 이유로 신체적 조건과 비교하면 사회적 조건은 객관적이지 않다고 생각할 수 있습니다. 그렇다고 해서 사회적 조건이 주관적일 수는 없습니다. 물론 지위를 앉은 순서에 반영하는 것은 처음 누군가의 개인적인 생각에서 시작되었을 것입니다. 하지만 한 번 그 규칙이 퍼지다 보면 쉽게 변경할 수 없게 됩니다. 그러므로 사회적 조건도 개인이 어쩔 수 없다는 의미에서 주관적이지 않습니다.

지금까지 한 이야기를 통해 객관성에는 정도가 있다는 것을 알았습니다. 사회적 조건보다 신체적 조건이 더 객관적이지만, 사회적 조건도 개인적 취미, 취향과 비교하면 객관적이라고 할 수 있습니다. 어느 시대의 누구나 인정하는 절대적인 가치가 없다고 해도 모든 가치가 주관적이지는 않습니다. 각각의 문화나 사회 내부에서 객관적이라고 여겨지고 공유되는 가치가 존재하는 것이지요.
 그리고 감정은 개인적 취미, 취향을 바탕으로 한 가치를 인식할 때도 있지만 보다 객관적이고 사회적 조건이나 물리적 조건을 근거로 한 가치를 인식하기도 합니다.

옳은 감정과
틀린 감정

감정의 옳음과 틀림의 기준

감정이 인식하는 가치에는 객관성이 있다고 이야기했습니다. 이를 근거로 하면, 감정에는 객관적으로 옳고 그름이 있다는 주장에 도달하게 됩니다.

우선 지각에 대해서 생각해볼까요? 눈앞에 둥근 책상이 있는 것처럼 보였다고 합시다. 하지만 그 책상의 실제 형태는 둥글지 않고 팔각형이었습니다. 이때의 지각은 책상의 형태를 틀리게 보았습니다. 틀린 원인은 시력이 낮아서 뿌옇게 보였다, 책상이 멀리 떨어져 있었다, 조명이 어두웠다 등 무슨 이유가 있었겠지요. 원인이 무엇이든 그때의 지각은 책상의 형태에 관해서 틀렸습니다. 책상의 형태가 팔각형인 것은 객관적인 사실이고, 지각은 그 사실과 비교해서 옳고 그름을 판단합니다.

감정도 같은 방법으로 이해할 수 있습니다. 어린아이가 폭이 50센티미터인 개울을 건너뛰려 할 때 신체적 조건에서 보면 그 행동이 위험한 것은 객관적인 사실입니다. 이 사실과 대조하면 이때 그 아이는 위험을 인식하는 감정인 공포를 느끼는 것이 옳은 감정입니다. 어쩌면 위험을 극복할 기회라는 생각에 두근거리는 것도 옳은 감정일 수 있습니다. 그러나 이럴 때 분노를 느끼는 것은 틀린 감정입니다. 왜냐하면 분노는 자신에 대한 침해를 느끼는 감정인데 개울이 아이에게 어떤 침해도 하고 있지 않기 때문입니다. 그 감정은 팔각형 책상을 둥근 형태로 잘못 지각하는 것과 같고, 위험을 침해로 착각했다는 점에서 잘못되었습니다.

물론 이 상황에서 분노를 느낄 가능성이 전혀 없지는 않습니다. 예를 들어 예전부터 "이런 개울쯤은 쉽게 넘을 수 있어"라고 친구에게 말해서 도저히 안 뛸 수 없는 지경에 이르렀을 때, '어째서 그런 말을 했을까!'라고 과거의 자신에게 화를 내거나, "나더러 진짜로 뛰라고 하지 마!"라고 친구에게 화를 낼 수도 있습니다. 그럴 경우에는 개울에 대해서 화를 내는 것이 아니라 과거의 자신이나 친구에게 화를 내는 것이지요. 과거의 자신이나 친구는 현재 자신에게 불합리한 상황을 만들고 있으므로 그럴 때의 화는 틀리지 않습니다. 하지만 어떤 행동도 하지 않은 개울에 화를 내는 것은 옳지 않습니다.

지식에 따라 바뀌는 감정

이번에는 지식에 따라서 감정이 바뀌는 경우를 알아봅시다. 2강에서 눈앞의 개구리가 독화살개구리인지 아는 것에 따라 공포를 느끼거나 느끼지 않는다고 했습니다. 독화살개구리라고 안 사람은 공포를 느끼고, 모르는 사람은 공포를 느끼지 못하지요.

그런 상황에서는 공포를 느끼는 것이 옳습니다. 독화살개구리가 인간에게 매우 위험한 것은 객관적인 사실이므로 그 개구리가 눈앞에 있다면 실제로 위험이 가까이 있기 때문입니다. 여기서 알 수 있는 사실은 지식이 있으면 옳은 감정을 가질 수 있고, 지식이 없으면 옳지 않은 감정을 가질 수 있다는 것입니다.

지각도 마찬가지입니다. 엑스레이 사진을 볼 때 지식이 있는 의사라면 병을 발견할 수 있습니다. 병이 있는 것은 객관적인 사실이므로 그것을 발견해 내는 지각이 올바르게 못 찾으면 병을 발견할 수 없습니다. 마찬가지로 병아리의 암수 차이는 일반 사람은 모르겠지만 전문가는 구별할 수 있습니다. 지식이 있으면 바르게 구별하고, 지식이 없으면 제대로 구별할 수 없지요.

지식의 획득으로 가치를 아는 것은 문화적인 가치의 경우에도 해당합니다. 앉는 순서를 중요하게 생각하는 공동체의 규칙을 알면 그 공동체 내의 객관적인 가치를 알게 됩니다. 그러면 상석이나 말석을 무시하고 앉는 행위는 그 공동체 내에서는 침해에 해당한다는 것을 알게 되고 분노를 느끼게 됩니다. 이 분노는 그 공동체 내에서는 옳은 감정입니다. 반대로 그 공동체에 참여하면서 상석과 말석을 무시하고 앉는 행위에 아무 감정도 못 느끼는 것은 그 공동체 내에서는 잘못된 감정이라고 여겨질 것입니다.

기본 감정과 복잡한 감정

지금까지 감정은 객관적인 가치에 대한 반응이며 어떤 객관적인 가치는 지식이 없으면 알 수 없다는 점을 알아봤습니다. 하지만 지식 없이 경험할 수 있는 감정도 물론 있습니다. 지식이 없어도 인간이 모두 느낄 수 있는 기본 감정이 있고, 거기에 지식이 영향을 미쳐서 감정이 복잡해진다고 생각할 수 있습니다.

인간이라면 본래 뭔가에 대해 화를 느낄 수 있는데, 거기에 상석이나 말석에 관한 지식이 영향을 미쳐서 앉는 순서라는 특정한 일에 대해서 화를 내게 됩니다. 또한 그런 지식은 어느 정도 성장하여 복잡한 사물을 생각할 수 있을 때 비로소 획득할 수 있습니다. 막 태어난 아기가 상석과 말석을 이해할 리가 없지요.

그러므로 지금부터는 모든 사람이 공통으로 느끼는 기

본 감정과 사고나 문화에 영향을 받는 복잡한 감정을 살펴 보려 합니다.

학습하지 않아도
느끼는 기본 감정

    기본 감정은 태어나서 자란 문화나 지역이 달라도 모두가 공통으로 느낀다고 여겨지는 감정입니다. '생득적 감정'이라고도 합니다.

'생득적'이란?

    '생득적'은 '선천적으로 갖춰진 것'이라고 바꿔 말할 수 있는데, 정확히는 '학습되지 않은 것'이라고 하는 편이 좋겠지요. 왜냐하면 태어난 시점에는 가지고 있지 않다는 특징도 있기 때문입니다.
    '치아가 있다'는 특징을 생각해봅시다. 치아는 무언가를 배워야 생기는 것이 아닙니다. 하지만 태어난 시점의 인간은 치아가 없습니다. 치아는 어느 정도 성장하면 나타나게 됩니다. 이런 특징은 유전자에서부터 계획되었다고 할 수 있겠지요. 인간은 (무언가의 장애가 없는 한) 어느 정도 성장했을 때 치아가 나게 되어 있습니다. 이것은 인간의 생물학적 특징입니다.

포레족 사람들이 보여준 생득적 감정

이 내용을 바탕으로 다시 생득적 감정을 이야기해봅시다. 생득적인 기본 감정은 학습되는 것이 아니라 인간이 생물학적 특징으로 갖추는 감정입니다. 단, 모든 생득적 감정이 태어난 시점에 갖춰진다고는 할 수 없습니다. 치아가 나는 것처럼 어느 정도 성장한 후에 나타나는 생득적인 기본 감정도 있습니다.

그러면 구체적으로 어떤 감정이 생득적이고 기본적일까요? 평상시 우리는 다양한 감정을 경험하는데, 그중에 무엇이 생득적인 기본 감정일까요? 어떤 조사 방법으로 기본 감정을 특정할 수 있을까요?

지금부터 폴 에크먼과 월리스 프리즌의 유명한 조사 연구를 알아봅시다. 1970년대에 그들은 파푸아 뉴기니의 고원 지대에 사는 문자 없는 원시 부족을 방문했습니다. 이들 포레족 Fore people 은 에크먼의 연구팀이 그곳에 들어가 조사를 시작하기 수십 년 전까지 문명과 전혀 교류하지 않고 살았습니다.

　그 지역에서 에크먼의 연구팀은 표정과 감정의 대응을 조사했습니다. 특정 감정을 느낄 수 있는 상황을 듣고, 그때 포레족이 어떤 표정을 지어 보이는지에 대한 연구였습니다. 예를 들어 "옛 친구를 오랜만에 만났을 때 어떤 표정을 짓습니까?", "자신의 아이가 죽었다면 어떤 표정을 짓습니까?", "싸우는 상황에서 화가 난다면 어떤 표정을 짓습니까?" 같은 질문을 했습니다. 포레족 사람들은 어떤 표정을 지었을까요? 그들 역시 우리도 인식할 수 있는 표정을 지었습니다. 기쁠 때 우리와 같이 기쁜 표정을 보였고, 슬픔이나 분노, 혐오도 똑같이 이해할 수 있었습니다.

　중요한 것은 포레족 사람들이 짓는 표정이 다른 지역의 사람들에 의해 학습된 것이 아니라는 점입니다. 포레족 사람들은 에크먼의 연구팀이 들어가기 수십 년 전까지 문명 세계와 격리되어 있었습니다. 그래서 기쁨을 느끼는 상황에서 포레족 사람들이 짓는 표정은 다른 문화를 흉내 낸 것이 아니었습니다. 이처럼 사는 지역이나 문화권이 달라도 오랜만에 친구를 만나는 상황에서 사람은 기쁨을 느끼고 미소를 짓게 됩니다. 기쁨과 그것에 대응하는 미소는 모든 인간에게 공통되는 감정이라고 할 수 있지요.

　에크먼의 연구팀은 다른 지역에서도 유사한 연구를 했습니다. 그 결과로 어떤 지역이나 문화의 사람일지라도 짓고 인식할 수 있는 표정을 여섯 가지로 정리했습니다. 분노, 공포, 놀람, 기쁨, 혐오, 슬픔입니다. 이 여섯 가지 감정은 모든 사람에게 공통되는 감정으로 감정 연구 교재에 자주 등장합니다.

기본 감정은 실제로 몇 가지일까?

에크먼의 여섯 가지 기본 감정은 교과서적인 예지만, 실제로 기본 감정은 무엇이고 몇 가지인지는 연구자들 사이에서도 의견이 분분합니다. 다른 연구에서는 기본 감정이 여섯 가지 이상이라고 주장하기도 하고, 더 적다고 주장하는 사람도 있습니다. 나중에 에크먼도 생각을 바꿔서 열 가지 이상이라고 했습니다.

여전히 기본 감정은 무엇이고 몇 가지인지는 합의되지 않았지만, 인간에게 기본 감정이 있다는 견해 자체는 여전히 설득력이 있습니다. 문화나 공동체가 다르면 같은 상황에서 다른 감정을 가질 수 있는데, 그런 차이가 일어나려면 무언가 근본이 되는 기본 감정이 있을 것입니다. 인간에게 공통되는 기본 감정이 있고, 각 문화가 서로 다른 영향을 미치면서 문화마다 다른 감정이 생길 수 있습니다. 문화에 따른 감정의 차이는 뒤에서 더 자세히 다루겠습니다.

어떤 대상이 지닌
심리적인 힘

긍정적인 감정과 부정적인 감정

감정에는 정적^{positive}(긍정) 감정과 부적^{negative}(부정) 감정이 있습니다. 감정이 지니는 긍정과 부정의 특징을 '유인가^{valence}'라고 합니다. 정적 감정에는 기쁨, 긍지, 즐거움 등이 있고, 부적 감정에는 화, 슬픔, 공포 등이 있습니다.

많은 감정이 긍정이나 부정에 속하는 듯 보입니다. 기쁨은 보통 긍정적인 감정일 뿐만 아니라 반드시 긍정적인 감정으로 여기고 싶어집니다. 부정적인 기쁨으로는 무엇을 떠올리면 좋을지 잘 모르겠습니다. 긍정적인 공포나 화도 상상하기 어렵습니다.

그런데 놀람에는 긍정적인 면도 부정적인 면도 모두 있습니다. 예를 들어 자신이 좋아하는 유명인을 길에서 우연히 만나면 깜짝 놀라지요. 하지만 그때의 놀람은 긍정적인 감정입니다. 반면에 갑작스럽게 직장에서 해고 통지를 받고 놀라는 것은 부정적인 감정이겠지요. 놀람은 예상에 어긋난 일에 대한 반응인데, 좋은 방향으로 어긋나는지, 나쁜 방향으로 어긋나는지에 따라서 긍정적이거나 부정적입니다.

유인가와 행동 명령

그러면 감정이 지니는 긍정성과 부정성은 무엇일까요? 이에 관해서 긍정성과 부정성의 차이를 행동 명령의 차이로 이해할 수 있습니다.

자신이 좋아하는 음식을 먹고 행복해하는 장면을 상상해봅시다. 그 기쁨은 긍정적인 측면이고, 그 긍정성은 기쁨 자체를 증가시키거나 가능한 한 지속시키는 행동을 촉구합니다. 이에 맞춰서 행동하려면 어떻게 해야 할까요? 기쁨의 원인이 되는 것과의 관계를 늘리면 됩니다. 즉 좋아하는 음식을 더 먹으면 되지요.

한편 뱀을 보고 공포를 느꼈던 경우를 생각해봅시다. 그런 공포의 부정성은 공포 자체를 줄이거나 약하게 하는 행동을 촉구합니다. 그러기 위해서는 공포를 유발하는 원인과의 관계를 줄이면 되겠지요. 즉 뱀에게서 도망치거나 뱀을 해치우면 됩니다.

정리하면, 감정이 지니는 긍정성은 그 감정을 유발한 원인과의 관계를 늘리는 행동을 촉구합니다. 반면에 감정이 지니는 부정성은 그 감정을 유발한 원인과의 관계를 줄이는 행동을 촉구합니다.

여기서 '촉구한다'는 표현을 사용한 점에 주의하길 바랍니다. 촉구된 행동이 반드시 실현된다고 할 수는 없습니다. 좋아하는 음식을 먹으면 기쁨을 느끼고, 더 먹고 싶다고 생각해도 '더 먹으면 건강에 안 좋을 거야'라고 생각해서 먹지 않는 일도 있습니다. 하지만 '더 먹으면 건강에 안 좋을 거야'라는 걱정이 없다면 계속해서 먹을 것입니다. 따라서 긍정이나 부정이라는 유인가는 행동을 반드시 하게 하는 것이 아니라 '요구하는 것'입니다.

여기서 공포 영화 같은 것에 의문을 가질 수 있습니다. 공포 영화를 보고 느끼는 공포는 부정적인 감정이지만 일부러 공포 영화를 보는 것에는 무언가 긍정성이 있다고 생각됩니다. 공포 영화를 볼 때의 공포는 긍정적인 감정이라고 주장하는 사람도 있습니다. 이에 관해서는 12강과 13강에서 살펴보겠습니다.

6강

감정이 복잡해지는
패턴 세 가지

이전 강의에서 살펴본 기본 감정은 아기 혹은 인간이 아닌 동물이라도 경험할 수 있습니다. 하지만 인간은 성장하면서 기본 감정 말고도 더 복잡한 감정을 느끼게 됩니다. 이번 시간에는 기본 감정을 재료로 만들어지는 인간의 복잡한 감정을 설명하려고 합니다.

감정이 복잡해지는 패턴 세 가지를 소개합니다. 바로 감정의 혼합, 사고의 영향, 문화의 영향입니다.

기본 감정들이 섞여
새로운 감정으로

감정이 복잡해지는 패턴 중 하나는 혼합입니다. 빨강과 파랑이 섞여서 보라가 되듯이, 서로 다른 기본 감정이 섞여서 새로운 감정이 만들어질 수 있습니다. 심리학자 로버트 플루치크는 한 가지 감정 모델을 제안했습니다.

뒤에 나오는 그림에는 색의 혼색을 나타내는 색상환처럼 다양한 감정이 둥글게 배열되어 있습니다. 이 그림에는 기쁨, 신뢰, 공포, 놀람, 슬픔, 혐오, 분노, 기대라는 여덟 가지 기본 감정이 설정되어 있습니다. 또한 기본 감정의 강한 부분이 안쪽에, 약한 것이 바깥쪽에 배치되었습니다. 예를 들어 강한 기쁨이 황홀이고 약한 기쁨이 평온입니다. 그리고 서로 이웃하는 기본 감정들이 혼합된 것이 사이에 배치되었습니다. 예를 들어 분노와 혐오가 합쳐진 것이 경멸이고, 공포와 놀람이 합쳐진 것이 경외감입니다.

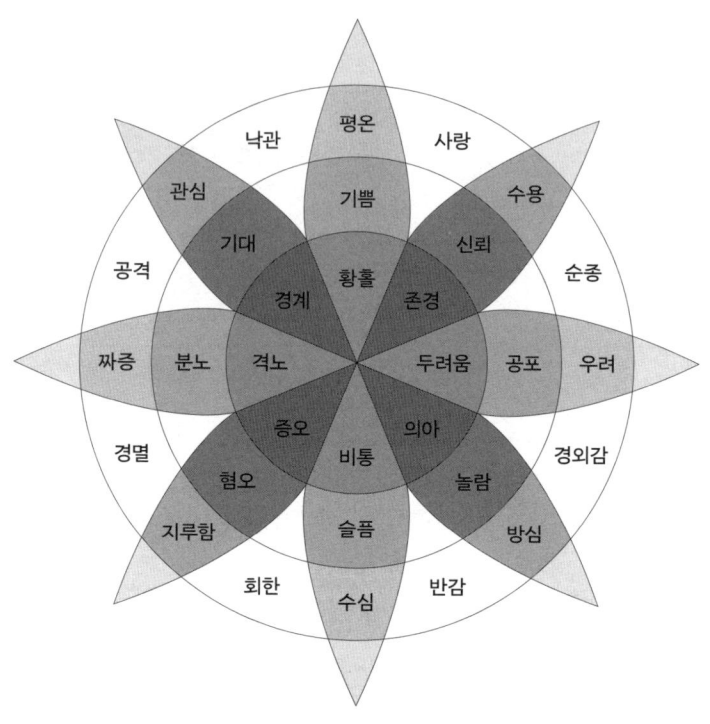

플루치크의 감정 모델

그림은 감정의 혼합을 나타내는 하나의 모델이지만 유일한 것은 아닙니다. 플루치크의 감정 모델은 적어도 두 가지 부분이 마음에 걸립니다.

첫째, 기본 감정의 종류와 개수입니다. 이전 강의에서 소개한 에크먼은 기쁨, 공포, 놀람, 슬픔, 혐오, 분노라는 여섯 가지 감정을 기본 감정으로 여겼습니다. 이에 비해 플루치크의 모델에서 기본 감정은 여덟 가지입니다. 이미 설명했듯이 복합 감정의 재료가 되는 기본 감정이 구체적으로 어떤 것들이 있고 몇 가지인지는 연구자에 따라 의견이 다릅니다.

둘째, 서로 이웃하지 않은 감정도 혼합될 수 있다는 점입니다. 이 모델에서는 정반대에 배치된 감정(예를 들어 기쁨과 슬픔)이 섞였을 때 어떤 감정이 만들어지는지는 나타내고 있지 않습니다. 그렇다면 상반된 감정의 혼합은 불가능한 걸까요?

색의 경우 색상환에서 정반대에 배치된 색깔(예를 들어 빨강과 초록)의 혼색은 인간의 눈이 가지는 구조상 볼 수가 없습니다. 빨강과 파랑이 섞이면 보라, 빨강과 노랑이 섞이면 주황이 되지만, 빨강과 초록이 섞이면 어느 한쪽이 보일 때 다른 한쪽은 보이지 않게 됩니다. 조금 더 설명하자면 이런 관계를 반대색이나 보색이라고 부릅니다.

반면에 감정의 경우에는 플루치크의 모델에서 정반대에 있는 감정이라도 서로 섞일 수가 있습니다. 비극을 감상할 때, 참혹한 상황에 놓인 등장인물에게 공감하여 발생하는 슬픔과 이야기를 알아가는 기쁨이 섞여 긍정이기도 하고 부정이기도 한 희비가 교차하는 감정을 경험한다고 주장하는 사람도 있습니다(12강에서 이 모순된 감정을 살펴보겠습니다).

그렇지만 이런 문제가 감정이 혼합된다는 주장 자체를 부정하지는 않습니다. 물론 기본 감정의 종류와 개수, 무엇과 무엇이 혼합되었는지에 대한 논쟁의 여지는 있습니다. 그러나 기본 감정이 몇 가지가 있고, 그것들이 섞여서 기본적이지 않은 복합 감정이 생긴다는 점은 대체로 납득할 수 있지 않을까요?

사고 수준이 높을수록
감정은 복잡해진다

이번에는 사고가 높은 수준으로 발달할수록 감정이 복잡해지는 예를 소개하겠습니다.

지금까지 감정에는 가치를 인식하는 사고적 측면이 있다고 말했습니다. 일반적으로 사고는 성장할수록 복잡해지는데, 그렇다면 감정에 포함된 사고적 측면도 성장에 따라서 복잡해질 수 있습니다. 그리고 이로 인해 예전에는 인식하지 못했던 가치를 포착하게 됩니다. 그런 것에는 무엇이 있는지 몇 가지 생각해봅시다.

자부심

자부심은 자신이 성공할 때 경험하는 감정입니다. 무언가를 성공하면 기쁨이 생겨나는데, 기쁨과 자부심은 다른 점이 있습니다. 자부심에는 성공으로 자존감이 유지되거나 다른 사람에게 칭찬받는 등의 요소가 있기 때문입니다. 자부심은 단순한 성공의 기쁨이 아니라 성공으로 자기 평가가 높아지는 데서 오는 기쁨입니다. 그러므로 자부심을 경험하기 위해서는 타인의 평가를 신경 쓸 정도의 사회성이 필요합니다.

더욱이 자부심은 자신이 성공하지 않더라도 자신이 속해 있다고 생각하는 그룹이 성공할 때 경험할 수도 있습니다. 아이의 성적이 좋거나, 부모가 회사에서 높은 지위에 있어서 자랑스러울 때가 그렇습니다. 자신이 성공한 것은 아니지만 같은 그룹의 다른 구성원이 성공하여 그룹의 평가가 높아지고, 이로 인하여 간접적으로 자신에 대한 평가도 높아진다고 생각할 수 있습니다.

또한 올림픽에서 자기 나라의 선수가 금메달을 땄을 때 "같은 나라 사람으로서 자랑스럽다"라고 말하는 사람도 있습니다. 자신이 세계 제일이 된 것도 아닌데 자부심을 느끼는 것은 금메달을 딴 사람과 자신이 같은 그룹에 속해 있다는 생각 때문입니다. 이런 자부심을 경험하기 위해서는 자신의 나라가 어떤 나라이고 그 나라가 다른 나라와 어떻게 다른지를 이해해야 합니다.

왠지 개가 자부심을 느끼는 것은 불가능할 것 같습니다. 개의 운동 능력이나 똑똑함을 겨루는 세계 대회에서 같은 국적의 개가 우승했을 때, 같은 국적의 다른 개가 그 개를 보고 자부심을 느끼는 것은 무리가 있을 테니까요.

희망

희망은 그동안의 괴로운 상황에서 벗어날 가능성이 생겼을 때 경험하는 감정입니다. 희망은 단순한 기쁨이 아니라 상황이 개선되리라는 기대로 인한 기쁨입니다. 그래서 희망을 품으려면 과거의 일을 기억하고 지금부터 일어날 일을 예측하여 그 두 가지 상황을 비교할 수 있어야 합니다. 과거나 미래의 일에 근거하여 행동한다고는 생각할 수 없는(현재에 얽매여 있는 듯한) 동물이나 아기가 이런 희망을 느끼지는 않을 것 같습니다.

복합 감정과 표정

복합 감정은 표정만으로는 판별할 수 없는 특징이 있습니다. 기본 감정에는 각각에 대응하는 표정이 있고, 그 표정을 보면 대략 어떤 감정을 품고 있는지 알 수 있습니다. 하지만 복합 감정은 그렇지 않습니다.

웃는 표정을 짓는 사람을 보면 기뻐하는 것을 알 수 있습니다. 그러나 어떻게 기뻐하는지는 표정만으로는 알 수 없습니다. 자신에 대한 평가가 올라갈 듯하여 자부심의 기쁨을 느끼는지, 상황이 개선될 듯하여 희망의 기쁨을 느끼는지는 웃는 얼굴만으로는 판단할 수 없습니다. 그 사람이 어느 쪽의 감정을 품고 있는지는 웃는 얼굴을 보는 것만이 아니라 그 사람이 어떤 상황에 놓여 있는지(평가가 오를 것 같은지, 힘든 상황에서 벗어날 것 같은지)를 고려해야 합니다.

물론 이것은 부적 감정에도 해당합니다. 단순히 화가 났는지, 질투하는지, 슬퍼하는지, 죄책감을 느끼는지는 표정만으로는 알 수 없지요.

죄책감

죄책감, 떳떳하지 못한 감정은 언제 느낄까요? 친구에게 생각지도 못한 험한 말을 해버렸거나, 길에 떨어진 돈을 파출소에 갖다 주지 않고 지갑에 넣었거나, 누구에게도 말하지 말라고 한 비밀을 다른 사람에게 말해버린 상황에서 느끼지 않을까요?

이런 상황들의 공통점은 해서는 안 될 일을 자기가 했다는 점입니다. 그러면 죄책감은 도덕적 위반에 대한 반응이라고 생각할 수 있을까요? 죄책감은 자신이 도덕적 위반 행동을 저질렀다는 사실에 대한 슬픔입니다.

그렇기에 도덕적 위반을 알아채기 위해서는 도덕을 어

느 정도 알아야 합니다. 해서는 안 될 일이 무엇인지 알지 못하면 해서는 안 되는 일을 했다는 지각조차 할 수 없습니다. 죄책감을 느끼기 위해서는 어느 정도 도덕을 알 필요성이 있지요. 도덕을 전혀 알지 못한다면 죄책감을 느끼는 일이 불가능하니까요.

아기가 물병을 뒤집어서 바닥을 흠뻑 젖게 했을 때 아기는 죄책감을 느끼지 않을 것입니다. 아기는 바닥에 물을 쏟으면 안 된다는 사실을 알지 못하기 때문입니다. 그러나 부모에게 혼이 나는 경험을 반복하면서 하면 안 되는 행동이 무엇인지를 점차 알게 됩니다. 이를 이해한 후에야 비로소 죄책감을 경험할 수 있게 되지요.

어쩌면 인간과 함께 사는 동물도 단순한 도덕이라면 이해할지 모릅니다. 훈련을 받은 개는 아마도 죄책감을 느껴서 자신의 나쁜 행동을 숨기는 듯한 모습을 보이는 것이 아닐까요?

질투

내가 좋아하는 사람이 다른 사람과 사귀는 것을 안다면, 내가 받고 싶었던 상을 다른 사람이 받았다면, 동료가 상사에게 칭찬받았다면 우리는 질투를 느끼고 경험합니다. 이런 상황들에 공통되는 가장 큰 특징은 다른 사람이 성공해서 나보다 좋은 상황에 있게 되는 것이지요.

하지만 이것만으로 질투가 생기는 것은 아닙니다. 성공해서 기뻐하는 사람이 내가 좋아하는 사람이라면 그때는 나도 기쁨을 느낍니다. 내가 좋아하는 사람의 기분 좋은 일은 나에게도 좋은 일입니다(반대로 내가 좋아하는 사람이 슬퍼하거나 화를 낸다면 나도 기분이 좋지 않아져 슬퍼지거나 화가 나기도 합니다). 더욱이 성공한 사람과 같은 그룹에 속해 있다고 생각되면 자부심을 느낍니다.

성공한 타인을 보더라도 기쁨도, 자부심도, 질투도 느끼지 못할 때가 있습니다. 예를 들어 빌 게이츠는 세계 제일의 자산가로 경제적으로는 누구보다 안정적입니다. 그러나 대부분 사람들은 그에게 질투를 느끼지 않습니다. 부러운 마음인 선망의 감정은 가질 수 있지만, 질투처럼 강한 부적 감정을 느끼기는 어렵습니다.

왜 그럴까요? 질투의 감정을 가지려면 자신이 다른 사람보다 뒤처지는 것뿐만 아니라, 성공한 사람이 얻은 이익을 자기도 얻을 수 있었다고 생각해야 하기 때문입니다. 빌 게이츠에게 질투하려면 그와 사업상 경쟁 상대이거나 그보다는 조금 부족한 자산가여서 빌 게이츠와 동등한 지위나 명예를 얻을 수 있는 상황에 있어야 합니다(그만큼의 자산이 없는데도 빌 게이츠를 질투하는 사람이 있을 수 있지만, 그런 사람을 합리적이라고 말하기 힘들겠지요).

또한 질투는 연애 방면에서 자주 볼 수 있습니다. 자기가 좋아하는 사람이 다른 사람과 이야기하는 모습을 보고 질투를 느끼는 이유는 자신에게로 향해야 할 호의나 노력이 다른 사람에게 향했기 때문이지요. 여기서 중요한 점은 그 호의는 자신이 얻을 수 있었을 것이라는 생각입니다. 잘 모르는 할리우드 유명 인사끼리 교제를 한다고 해도 자신과는 아무런 관계도 없으므로 어떤 질투의 감정도 생기지 않습니다. 한편 자기가 좋아하는 아이돌에게 연인이 있다는 사실이 알려졌을 때, 팬인 자신에게 향해야 할 호의가 다른 특정 사람에게 집중된다고 생각되어 질투로 이어집니다.

정리하면, 질투를 느끼기 위해서는 자기보다 타인이 좋은 상황에 있다고 인지하고, 타인이 얻은 이익은 자신도 얻을 수 있었을 거라는 생각이 필요합니다. 질투는 이런 사고가 분노, 증오, 슬픔과 연결되는 복합 감정이라고 합니다. 이 점을 근거로 하면 질투를 제거하는 방법도 알 수 있습니다. 타인이 얻은 이익은 자신이 얻을 수 있는 것이 아니라고 자각하면 됩니다.

질투와 유사한 감정으로는 열등감이 있습니다. 열등감 역시 자신이 타인보다 뒤떨어졌을 때 느낄 수 있는데, 열등감은 질투와 달리 타인이 아닌 자신을 향한 감정입니다. 질투는 타인의 성공을 시기하지만, 열등감은 스스로의 부족한 점이나 결점을 허용하지 않습니다.

질투의 역할

질투는 부적 감정으로서 가능하면 피하고 싶은 감정입니다. 그런데 왜 우리는 그런 감정을 느끼는 구조로 되어 있을까요? 이를 이해하려면 질투에 분노나 증오가 포함되어 있다는 점에 주목해야 합니다. 분노나 증오는 타인을 향한 공격을 촉구합니다. 그러면 질투에는 자신이 얻을 수 있었던 이익을 지키는 행동을 촉구하는 역할이 있을 것입니다.

이 역할과 관련하여 진화심리학에는 남성과 여성의 질투에 차이가 있다는 연구가 있습니다. 생물에게 자기 유전자를 남기는 일은 이익입니다. 남성과 여성은 자신이 키우는 아이가 정말 자기 유전자를 이어받은 아이인지 확신하는 데서 차이를 보입니다. 엄마에게는 자신이 낳은 아이가 자기 유전자를 이어받은 것이 확실합니다. 한편 아빠는 (배우자가 부정을 저질렀기 때문에) 다른 사람의 아이를 자신의 아이로 키울 가능성이 있습니다.

이런 확실성의 차이에서 질투의 차이도 발생한다고 합니다. 남성은 배우자인 여성이 다른 남성과 성적인 관계를 맺을 가능성을 질투하기 쉽지만, 여성은 배우자인 남성이 다른 여성과 성적인 관계를 맺는 것보다도 다른 여성에게 경제적인 지원이나 시간을 투자할 가능성에 질투하기 쉽습니다. 남성에게는 다른 유전자의 아이를 키우게 될 가능성이 위협으로 다가오지만, 여성에게는 다른 사람에게 투자가 집

중되어 자신을 향한 제공이 중단되는 것이 위협으로 다가옵니다.

다만 이런 차이가 생물학적 특징인 성별의 차이에서 유래한 것인지, 사회적, 문화적으로 구축된 성별의 차이에서 유래한 것인지는 아직 논의될 여지가 있습니다. 이 설명은 남성이 경제 활동을 하고, 여성이 가정에서 아이를 키우는 문화에는 잘 들어맞지만, 그렇지 않은 문화에는 적절하지 않습니다. 실제로 성적으로 부정을 저질렀을 때 질투를 느끼지 않는 문화권이 있다고 주장하는 연구도 있습니다.

기본 감정도 복잡해질 수 있다

지금까지 기본 감정이 복잡해져서 새로운 이름의 감정이 되는 경우를 설명했습니다. 예를 들어 '기쁨'에 무언가가 더해져서 '자부심'이 됩니다. 그러나 '공포'가 '공포'인 채로 복잡해지는 일도 있습니다.

공포는 위험에 대처하기 위한 감정입니다. 단순한 사고 능력만 있는 생물은 눈앞에 나타난 뱀처럼 당장 일어날 물리적인 위험밖에 인식할 수 없기에 눈앞의 것만 무서워합니다. 하지만 사고 능력이 높아지면 다음 해에 일어날 것 같은 금융위기처럼 눈앞에 없는 물리적인 위험을 인식할 뿐만 아니라, 그것에 대해서 공포를 느낄 수 있습니다.

다른 예를 생각해봅시다. 신뢰하는 무속인이 "내년 7월 8일 대지진이 일어날 것이다"라고 예언했다고 가정해봅시다. 그 말을 믿는다면 내년 7월 8일에 일어날 대지진을 두려워할 것입니다. 그러나 그 말을 두려워하려면 '내년'과 '7월 8일'이 무엇을 의미하는지 이해해야 합니다. 그리고 내년을 이해하기 위해서는 올해와 작년의 개념도 알아야 합니다. 올해나 작년이 무엇인지 알지 모른 채 내년만을 알 수는 없습니다. 마찬가지로 7월 8일을 이해하기 위해서는 일 년은 열두 달이고 한 달은 28일에서 31일인 것을 알아야 합니다. 단순한 지진과 내년에 일어날 지진, 내년 7월 9일에 일어날 대지진이 아니라 내년 7월 8일에 일어날 대지진을 두려워하려면(무사히 9일을 맞이했을 때는 안심한다), 이런 복잡한 개념을 이해해야 합니다.

아기나 개는 이만큼 복잡한 개념을 이해할 수 없지요. 공포와 같은 기본 감정은 아기나 동물도 느낄 수 있지만, 무엇에 공포를 느끼는지는 어느 정도의 사고를 할 수 있는지, 얼마나 복잡한 일을 생각할 수 있는지와 같은 사고 능력이 영향을 미칩니다.

감정에 영향을 주는
문화 이야기

문화에 따라 달라질 수 있는 감정

사고는 문화의 영향을 받기 때문에 감정의 사고적 측면도 문화의 영향을 받습니다. 따라서 문화가 다르면 다른 감정을 가질 수 있습니다.

이 부분은 이미 앞에서 설명했습니다. 공동체 내에서 통용되는 객관적인 가치가 있다고 설명할 때 상석과 말석과 같은 규칙을 어기면 혼이 날 수 있다는 점을 예로 들었습니다. 그 분노는 아마도 일본 특유의 감정일 것입니다. 그리고 일본에서도 일부 사람만 느끼는 감정일 수 있습니다.

특정 문화에 있는 특유의 감정, 그리고 문화적인 감정 장애는 세계 각지에 있습니다. 몇 가지 소개해볼까요? 다음은 뉴욕시립대 철학과 교수 제시 프린츠의 책에 소개된 예입니다.

일본인은 '아마에^{amae}'라는 특유의 감정이 있습니다. 아마에는 타인에게 의존하고 싶은 감정의 한 종류입니다. 타인에게 의존하고 싶은 감정은 일본인만 느끼는 감정은 아니지만, 일본인은 다른 문화권 사람들보다 타인과의 관계를 중시하는 집단주의 경향이 있습니다. 따라서 개인주의 문화권 사람들보다 타인에게 의존하는 감정을 중요하게 여깁니다.

사람 앞에 서는 것을 매우 두려워하는 대인 공포증도 일본 특유의 감정이라고 합니다. 일본인의 집단주의 경향은 타인에게 자신이 어떻게 보이는지를 강하게 인식하게 하고, 이로 인해 타인의 평가에 신경을 쓰는 부끄러움이나 공포가 강해집니다.

한편 아메리카 어느 원주민 부족에게는 '윈디고^{windigo}'라고 불리는 감정 장애가 있다고 합니다. 윈디고는 정령의 이름으로, 윈디고 증후군에 빠지는 사람은 그 정령에게 홀려서 자신이 식인 괴물이 되는 것은 아닌가 하는 강한 공포를 느끼게 됩니다. 이 공포는 윈디고라는 정령이 존재한다는 문화나 종교에 뿌리내리고 있습니다. 다른 지역의 사람들은 그 정령의 존재를 믿지 않기에 식인 괴물이 되는 공포를 느낄 일이 없습니다.

이외에 사회 형태도 감정에 영향을 줍니다. 도로에서 발생한 문제로 생기는 분노는 로드 레이지$^{road\ rage}$(운전 중 분노를 참지 못한 운전자의 난폭한 말과 행동 – 옮긴이)라고 불리며 이것은 단순한 분노와는 구별됩니다. 아마 "저 사람은 운전대만 잡으면 성격이 바뀌더라"라는 말을 들어본 적 있을 것입니다. 그리고 난폭 운전은 심각한 문제로 여겨집니다. 이런 감정은 차가 많고 이로 인하여 문제가 발생하기 쉬운 사회에서 차를 운전하는 사람이 경험합니다. 운전하지 않는 사람은 이 감정을 경험한 적이 없으며, 운전하는 사람들 중 일부도 다른 차들이 별로 없어서 문제가 거의 일어나지 않는 상황에서는 이 감정을 느끼지 않습니다.

문화는 감정의 혼합에도 영향을 줄 수 있습니다. 비극적인 내용을 자주 감상하는 사람은 슬픔과 기쁨의 혼합이 일어나기 쉽습니다. 또한 SNS가 유행하는 현대 사회를 살아가는 우리는 타인의 글을 비난하는 분노와 기쁨의 혼합이 촉진되면서 예전에는 없었던 혼합 감정을 가질 수도 있습니다.

언어도 감정에 영향을 미치는 것 같습니다. 독일어의 '샤덴프로이데 Schadenfreude'라는 감정은 타인의 실패에 대한 기쁨입니다. 일본에도 '타인의 불행은 꿀맛'이라는 표현이 있습니다. 그러나 이런 표현이나 관용구가 없는 문화권에서는 그 감정을 느끼는 상황이 있어도 자신이 그것을 느끼는지를 명확하게 확인할 수 없을지도 모릅니다. 그렇기에 언어로 명칭하면 그 감정을 경험하고 있는 것이 분명해집니다.

이처럼 각 문화의 차이에 따라서 감정이나 감정의 인식, 감정과 관련한 장애의 차이가 발생합니다. 물론 다른 문화권의 사람이라도 다른 문화의 가치관을 배우면 그 문화

특유의 감정을 경험하거나 문화적 감정 장애를 앓을 수 있습니다.

일본인과 미국인의 표정

문화는 감정뿐만 아니라 감정을 표출하는 행동에도 영향을 미칩니다. 일본인과 비교하면 서양인은 꽤 감정이 풍부해 보입니다. 그렇다고 해서 서양인과 비교해서 일본인의 감정이 약하지는 않습니다. 단지 겉으로 드러나지 않을 뿐입니다. 이 점을 살펴보기 위해 이전 강의에서도 언급한 에크먼의 실험을 살펴봅시다.

에크먼의 연구팀은 미국인과 일본인에게 외과수술 상황을 기록한 영상을 보여주었습니다. 그 실험에는 두 가지 조건이 있었는데, 영상을 혼자서 보는 조건과 동석자가 있는 상황에서 보는 조건이었습니다. 그 결과, 혼자 보는 조건에서는 미국인과 일본인 모두 혐오 표정을 나타냈습니다. 하지만 동석자가 있는 조건에서 일본인은 미국인보다 혐오 표정을 그다지 드러내지 않았습니다.

이 실험에서는 영상을 보는 실험 참가자의 표정도 녹화했는데, 그것을 느리게 재생하니 매우 흥미로운 점이 발견되었습니다. 일본인 실험 참가자도 동석자가 있는 조건에서 미국인과 마찬가지로 혐오 표정을 드러냈지만, 1초도 안 되는 짧은 시간 동안에 그 표정을 감췄다고 합니다.

이런 결과는 감정을 표출하는 규칙에 문화의 영향이 있다는 사실을 보여줍니다. 서양에서는 감정을 적극적으로 겉으로 드러내기를 장려하고 있어서 무표정은 거짓말쟁이처럼 여겨지기 쉽습니다. 이에 반해 일본에서는 감정을 함부로 겉으로 드러내는 사람을 상스럽게 여깁니다. 그래서 될 수 있으면 감정을 겉으로 드러내지 않는 것을 장려합니다.

이번 강의는 여기까지입니다. 이전 강의와 이번 강의에서는 기본 감정과 복합 감정을 설명했습니다. 이 두 가지 감정이 어떻게 관계되는지는 이전에 이야기한 '감정의 신체적 측면과 사고적 측면의 관계'와 더불어 감정 연구의 매우 중요한 주제입니다. 지금까지 두 가지 주제를 다뤘으니, 감정철학의 기본적인 내용은 설명되었다고 생각합니다.

다음 강의부터는 한 걸음 더 나아간 이야기를 하고 싶습니다. 먼저 살펴볼 이야기는 무의식적 감정입니다.

Philosophy of Emotion

7강

무의식적 감정과 로봇의 감정

2강에서 감정의 본질을 살펴보면서 감각이 감정에 꼭 필요한 존재가 아닐 수 있다고 설명했습니다. 그것은 감각이 수반되지 않아 스스로는 느끼지 못하는 무의식적 감정이 있는 것으로 보이기 때문입니다. 이번 강의에서는 다음 내용을 이야기하려고 합니다.

첫째, 감각과 무의식이 무엇인지 설명해봅니다.
둘째, 지금까지 이야기한 내용을 돌아보며 감정의 역할을
       확인합니다.
셋째, 그 역할은 무의식중에도 이루어지므로 무의식적 감정에 대해
       알아봅니다.
넷째, 이와 같은 무의식적 감정이라면 로봇도 가질 수 있지
       않겠느냐는 주장을 펼쳐봅니다.

느껴지는 감각과
느껴지지 않는 무의식

감각은 느끼고 알아차리고 의식으로 드러나는 것

2강에서도 감각이 무엇인지 말했지만, 다시 한번 조금 더 자세히 설명하겠습니다. 이 책에서 말하는 감각은 느낄 수 있는 것, 알아차릴 수 있는 것, 의식으로 드러나는 것입니다. 감각질^{qualia}(지각으로 느끼게 되는 기분이나 심상—옮긴이)이라고 불리기도 합니다.

감각의 예로는 색깔이 이해하기 쉬울 것 같습니다. 눈앞에 있는 사과를 볼 때 우리는 생생한 빨간색을 느낄 수 있습니다. 이것이 '빨간색의 감각'입니다. 또 사과를 시각적으로 상상할(떠올릴) 때도 조금은 빨간색을 느낄 수 있을 것입니다. 하지만 이때는 눈앞에 있는 사과를 보고 있을 때만큼 명료하고 확실하게 느낄 수는 없습니다. 사과를 실제로 보고 있을 때는 명확하고, 상상할 때는 불명확한 것이 바로 빨간색의 감각입니다.

또 다른 알기 쉬운 예로는 신체 감각이 있습니다. 팔이 가려운 느낌, 음료를 마셨을 때 액체가 식도를 타고 넘어가는 느낌, 피부가 햇볕에 그을려 따끔거리는 느낌, 햇살에 눈이 부신 느낌 등이 있습니다. 피아노의 음색을 듣고 있을 때의 느낌, 설탕의 달콤한 느낌, 잘 구워진 토스트의 고소한 느낌 등도 감각입니다.

느낄 수 없는 무의식의 세계

감각은 느낄 수 있는 것, 알아차릴 수 있는 것, 의식으로 드러나는 것이라고 했지요. 이런 감각을 느끼게 될 때까지 우리가 느끼지 못하는 무의식의 영역에서는 다양한 일이 일어납니다. 이번에도 색깔을 예로 들어 설명해보겠습니다.

사과를 보고 빨간색을 느낄 때는 다음과 같은 일이 일어납니다. 우선 사과에 반사된 빛이 눈으로 들어옵니다. 이 빛에 망막의 원추세포가 반응합니다. 인간의 원추세포에는 세 종류가 있는데 저마다 다른 파장의 빛에 반응합니다. 세 가지 원추세포의 반응 정보가 뇌의 시각피질로 보내지고 그 정보가 처리되어 빨갛다는 감각을 느끼게 됩니다.

물론 눈으로 들어오는 빛이 달라지면 색의 감각 또한 달라집니다. 눈앞에 있는 것이 사과가 아니라 피망이라면 피망이 반사하는 빛의 성분이 사과와는 다르므로 원추세포의 반응도 달라질 것입니다. 이로 인해 시각피질로 전달되는 정보도 달라져 그 결과 다른 색의 감각을 느끼게 됩니다.

우리가 색의 감각을 느낄 때 눈과 뇌에서는 이런 일이 일어나고 있지만, 우리는 그 사실을 알 수 없습니다. 보고 있는 것이 사과인지 피망인지에 따라 원추세포와 시각피질의 반응이 어떻게 달라지는지는 모릅니다. 단지 사과를 볼 때와 피망을 볼 때 감각이 다르다는 것만 알 수 있습니다.

그렇다면 우리가 느끼는 감각은 느끼지 못하는 무의식의 영역에서 이루어지는 다양한 반응의 결과라 할 수 있습니다. 또한 색각色覺의 역할은 무의식의 영역에서 이미 이루어졌다고도 볼 수 있습니다. 색각은 색의 차이를 판별하는 역할을 하는데, 색의 차이는 눈으로 들어오는 반사광의 차이에 따라 달라집니다. 이런 반사광의 차이는 원추세포와 시각피질에서 판별됩니다. 우리가 느끼는 다양한 색의 감각은 무의식의 영역에서 판별된 다양한 파장의 빛에 대응한다는 얘기입니다.

출렁다리를 건넌 후 온몸의 힘이 풀리는 이유

물론 감각은 감정에도 수반됩니다. 지금껏 설명한 것처럼 감정에 수반되는 감각은 신체 반응을 느끼는 것입니다.

분노로 머리끝까지 피가 솟구치는 것처럼 화가 나서 발끈하는 감각은 빨라진 혈류를 느낀 것입니다. 공포로 등골이 오싹해지는 감각은 피부와 근육의 반응을 느낀 것입니다.

하지만 이런 신체 반응을 무조건 느낄 수 있는 것은 아닙니다. 신체 반응이 일어나도 느끼지 못할 때가 있습니다. 흔들리는 출렁다리를 건넌다고 상상해 볼까요? 겁내지 않고 잘 건넜다고 생각했지만, 다리를 다 건너고 나자 온몸의 근육에 힘이 들어가지 않습니다. 자신도 모르게 다리를 건널 때 근육이 긴장했고, 다리를 무사히 건너고 나자 긴장이 풀린 것이지요. 다리를 건널 때 근육의 긴장이라는 신체 반응이 일어났지만 그런 감각이 없었기에 근육이 긴장해 있다는 사실을 알지 못했던 것입니다.

이때 생각해보아야 할 점이 있습니다. 출렁다리를 건널 때 우리가 느끼지 못한 공포가 존재했던 것일까요?

감정은 무의식중에도 역할을 다한다

감정의 두 가지 측면

감정에는 사고적 측면과 신체적 측면이 있다고 설명했습니다. 공포라는 감정의 사고적 측면은 자신에게 위험이 닥쳤다는 사실에 대한 인식입니다. 그리고 신체적 측면은 가빠지는 호흡, 두근거리는 심장, 근육의 긴장 등입니다. 이것들은 위험에 대처하기 위한 준비 행동이라 볼 수 있지요. 산소를 잔뜩 들이마셔서 혈액으로 에너지를 온몸 구석구석으로 보내 도망치거나 싸울 수 있도록 준비하는 것입니다. 또 근육이 긴장되어 움직일 수 없는 것은 어설프게 행동하다 오히려 위험을 키우는 일이 없도록 하기 위해서라고 할 수 있지요.

출렁다리 이야기로 돌아가보겠습니다. 심하게 흔들리는 출렁다리를 건너는 행위가 위험하다고 인식했을 것입니다. 무의식중에 근육도 긴장하고 있습니다. 근육이 긴장하며 몸이 뻣뻣해지면 움직임이 둔해지는데, 이것은 상황에 적합한 반응입니다. 왜냐하면 출렁다리는 조심스레 건너야 할 테니까요.

그렇다면 이 경우에도 가치 인식과 대처 행동이 일어났다는 뜻입니다. 따라서 공포라는 감정이 존재했다고 보아야 하지 않을까요? 단, 근육이 긴장했다는 감각은 없으므로 당사자는 공포라는 감정이 발생했다고는 생각하지 않습니다. 하지만 감정이 본연의 역할을 다한 이상, 무의식적 감정이 존재했다고 할 수 있지 않을까요?

출렁다리를 건너는 사고실험 이외에 실제 실험 중에도 무의식적 감정이 있다는 생각이 들게 하는 실험이 있습니다. 그중 프린츠가 소개한 몇 가지 예를 다시 소개하고자 합니다.

거미 공포증 실험

안츠는 거미를 무서워하는 여성들에게 거미 쪽으로 다가가거나 거미를 만지게 하는 실험을 진행했습니다. 이때 여성들을 그룹으로 나누어 한 그룹에는 날트렉손을, 다른 그룹에는 아무런 효과가 없는 위약(가짜 약)을 처방했습니다. 날트렉손은 진정 효과가 있는 호르몬인 엔도르핀이 제 역할을 하지 못하게 하는 효과가 있습니다. 날트렉손을 처방받은 그룹은 위약을 처방받은 그룹보다 거미 쪽으로 다가가는 과제를 해내기 어려워했습니다. 이때 피험자들에게 자신이 느낀 공포가 어느 정도인지 물었는데, 두 그룹의 피험자들이 느낀 공포에 큰 차이는 없었다고 합니다.

안츠는 이 결과를 다음과 같이 해석했습니다. 일반적으로 공포를 느낄 법한 상황에서 엔도르핀이 분비되면 진정 효과가 있어 공포를 무릅쓰고 대범한 행동을 할 수 있습니다. 하지만 날트렉손을 처방받은 그룹은 엔도르핀의 효과를 보지 못해 거미 쪽으로 가까이 가지 못했던 것입니다. 이처럼 행동에 차이가 있더라도 자신이 느끼는 공포에는 차이가 없습니다. 그렇다면 엔도르핀은 무의식의 차원에서 작용한다고 보아야 할 것입니다.

나아가 이 실험은 다음과 같이 해석할 수도 있습니다. 어느 그룹이나 자신이 느끼는 의식적인 공포의 정도는 비슷했지만, 행동에서 차이를 보였습니다. 이처럼 행동에 차이가 나타나는 것은 무의식의 공포에 차이가 있었기 때문은 아닐까요?

잠시 공포의 역할을 떠올려봅시다. 위험하다는 가치를 인식하고 이에 대처하는 행동을 촉구하는 것이 공포의 역할입니다. 그 역할에 무의식의 차원에서 차이가 발생한 것이라고 이 실험을 해석할 수 있습니다.

거미 공포증이 있는 사람은 거미가 위험하다고 판단하

기에 멀리 도망가려 합니다. 하지만 이 실험에서는 도망가지 말고 거미 쪽으로 다가가라는 지시를 받았습니다. 이때 위약을 처방받은 그룹은 약에서 아무런 영향을 받지 않았기 때문에 엔도르핀이 효과를 발휘해 위험하다는 판단과 도망갈 준비를 어느 정도 억누를 수 있었을 것입니다. 따라서 공포라는 감각은 있지만 용감하게 행동할 수 있었습니다. 반면 날트렉손을 처방받은 그룹은 엔도르핀의 효과를 보지 못해 용감한 행동을 할 수 없었습니다. 이런 차이를 통해 두 그룹 모두 의식적인 공포는 같은 수준이었지만, 위약을 처방받은 그룹만 무의식의 공포가 줄어들었던 것은 아닌가 하는 추측을 해볼 수 있습니다.

코카인 중독자 실험

공포 이외의 감정에서도 무의식적 감정이 존재한다는 점을 시사하는 실험이 다수 발표되었습니다. 이번에는 코카인 중독자들을 대상으로 심리학자 매리언 피시먼과 정신의학 박사 리처드 폴틴이 한 실험을 소개하겠습니다.

이 실험에서 실험 참가자들은 두 종류의 수액을 맞기로 했습니다. 한쪽에는 생리 식염수를, 다른 한쪽에는 코카인을 소량 넣었습니다. 피험자에게 수액에 달린 버튼을 눌러 어느 쪽을 맞을지 선택하게 했습니다. 하지만 피험자는 어느 쪽이 생리 식염수이고, 어느 쪽이 코카인이 든 용액인지는 몰랐습니다. 이 상황에서 피험자는 두 버튼을 눌렀을 때의 차이는 느끼지 못했다고 말했습니다. 하지만 무의식중에 코카인이 든 수액 쪽 버튼을 더 많이 눌렀지요.

이 실험은 이렇게 해석할 수 있습니다. 코카인 중독자에게 코카인을 맞는 일은 좋은 행위입니다. 따라서 좋은 행위에 대한 반응으로 무의식적 기쁨이 일어난 것이 아닐까요? 그 기쁨에 이끌려 코카인이 든 수액 버튼을 더 많이 눌렀던 것입니다. 하지만 피험자 자신은 자기가 기쁨을 느낀 사실과 코카인이 든 수액의 버튼을 더 많이 누른 사실을 자각하지 못했습니다.

지금까지 살펴본 실험이 틀리지 않았다면, 감정의 역할(가치 인식과 대처 행동 촉구)은 무의식의 차원에서도 작동하는 것 같습니다. 그렇다면 감정은 무의식에도 존재한다고 볼 수 있습니다.

로봇에게도 감정이 있을까?

가치 인식과 대처 행동이 있다면 의식하지는 못해도 감정이 존재한다고 이야기했습니다. 따라서 가치 인식과 대처 행동이 동시에 발생하는 마음 상태를 가질 수 있는 생물은 감정을 가진다고 할 수 있습니다.

그렇다면 로봇은 어떨까요? 감정은 매우 '인간다운' 특징이기에 로봇에게는 없다고 생각하는 사람이 많습니다. SF 영화에서는 인간을 닮았지만 감정은 없는 로봇이 등장하곤 합니다. 로봇에게 감정이 없는 것은 인간이 아니라는 사실을 보여주기 위한 장치입니다.

하지만 만약 로봇에게 가치를 인식하는 능력과 대처 행동을 하는 능력을 부여할 수 있다면 그 로봇은 감정을 가질 수 있다고 보아야 할 것입니다. 이 두 가지를 갖춘다고 하더라도 로봇은 감정을 가질 수 없다고 주장한다면, 애초에 '감정은 로봇이 가질 수 없는 것'이라고 결론지었다고밖에 생각할 수 없습니다.

그러면 가치 인식과 대처 행동 능력을 로봇에게 부여할 방법을 알아보겠습니다. 우리가 높은 곳에서 아래를 내려다볼 때 느끼는 공포를 로봇도 느낄 수 있는지 생각해봅시다. 공포가 감정이라는 점을 부정하는 사람은 없을 것입니다. 따라서 공포를 느끼는 로봇을 만들 수 있다면 감정을 가진 로봇을 만들 수 있다는 말이 됩니다.

로봇의 가치 인식

공포가 인식하는 가치는 눈앞에 닥친 위험입니다. 높은 곳에 서서 공포를 느낄 때는 거기서 떨어지면 크게 다쳐서 어쩌면 죽을지도 모른다는 인식이 있습니다.

어느 정도의 높이가 위험하느냐는 체구에 따라서 달라집니다. 성인이라면 떨어져도 별문제 없을 높이라 해도 어린아이가 떨어지면 크게 다치고 말 테니까요. 5강에서 설명한 개울을 뛰어넘는 사례와 마찬가지로 '이 정도 체구라면 이보다 더 높은 곳은 위험하다'는 사실이 객관적으로 정해져 있습니다.

이처럼 위험을 인식할 수 있는 능력을 로봇에게 부여할 수 있을 것입니다. 우선 이 로봇의 크기와 재질을 고려했을 때 어느 정도 높이에서 떨어지면 부서질지를 계산합니다. 그리고 로봇을 제작할 때 전방의 낙차가 위험을 초래하는 높이보다 높은지 낮은지를 판단할 수 있도록 프로그래밍을 하면 될 것입니다.

로봇의 대처 행동

인간이 공포를 느낄 때, 즉 위험을 인식할 때는 그것에 대처하기 위한 신체적인 행동을 준비합니다. 공포를 느낄 때의 신체적 준비에는 몇 가지 패턴이 있습니다. 우선 현재 맞닥뜨린 위험에서 벗어나거나 맞서 싸우기 위한 에너지를 사용할 수 있도록 준비하는 것입니다. 그리고 몸이 경직되거나 다리가 후들거려 제대로 움직일 수 없기도 합니다. 이런 반응은 위험한 동물을 섣불리 자극하거나 발을 헛디뎌 벼랑에서 떨어지는 등 더 큰 위험을 초래하지 않도록 신중한 행동을 유도하는 반응으로 이해할 수 있습니다.

이렇게 행동할 수 있는 로봇은 만들 수 있을 것입니다. 떨어지면 부서질지도 모르는 높이를 감지했을 때, 그 자리에 멈춘 후 앞으로 나아가는 대신 천천히 후진하도록 로봇을 프로그래밍하면 됩니다.

로봇의 소재는 상관없을까?

위험을 인식하고 이에 대처하는 로봇을 만드는 일은 가능해 보입니다. 하지만 이때 누군가는 이런 의문을 제기할 수도 있습니다. 바로 인간과 로봇은 신체를 구성하는 소재가 다르다는 점입니다. 인간은 눈, 뇌, 폐, 심장과 같은 단백질로 만들어진 물질을 사용해 가치 인식과 행동 준비를 합니다. 반면에 로봇은 카메라와 모터, 실리콘 칩 등을 통해 가치 인식과 행동 준비를 합니다.

그렇다면 이런 소재의 차이는 감정에 있어 중요할까요? 몸이 단백질로 구성되지 않았다면 감정은 가질 수 없다고 봐야 할까요?

그렇지는 않을 것 같습니다. 왜냐하면 인간의 신체 일부를 인공물로 대체할 수도 있기 때문입니다. 지각 능력이 제대로 기능하지 못하는 사람에게 만들어진 눈이나 귀를 장착함으로써 사물을 지각할 수 있도록 돕는 기술이 이미 있습니다. 심장이나 폐가 제대로 기능하지 못할 때 기계를 부착해 활동을 돕는 기술도 있습니다. 이런 기계를 장착하고 있는 사람은 부분적으로나마 로봇과 마찬가지로 가치 인식과 행동 준비를 한다고 할 수 있을지도 모릅니다. 그 사람이 감정을 가질 수 있다고 한다면 로봇도 감정을 가질 수 있다고 생각해야 하지 않을까요?

즉, 중요한 것은 소재가 아니라 기능입니다. 몸이 단백질로 만들어졌든, 철이나 플라스틱, 실리콘으로 만들어졌든 가치 인식과 행동 준비가 가능하다면 그 대상은 감정을 가질 수 있습니다.

참고로 마음의 철학에서는 이에 대해 '다중 실현 가능성'이라 부릅니다. 이것은 마음이 해야 할 일은 다양한 재질을 통해 실현할 수 있다는 것을 의미합니다.

로봇과 인간다움

가치를 인식하고 대처 행동을 할 준비가 된 로봇은 당장이라도 만들 수 있을 것처럼 보입니다. 그렇다면 지금 기술로도 높은 곳에서 떨어질 위험이 있을 때 느끼는 공포 같은 단순한 감정을 로봇에게 부여할 수 있을 것만 같습니다.

물론 그런 감정을 가졌다고 해서 로봇이 인간다워지지는 않습니다. 6강에서 설명한 것과 같은 복잡한 감정을 가질 수 없다면 인간답다고 말하기는 힘듭니다. 하지만 단순한 감정도 감정의 한 종류라는 점에는 변함이 없습니다.

다만 지금까지는 무의식적 감정을 염두에 두고 이야기해왔습니다. 인간에게 가치 인식과 행동 준비 능력이 있다면 감각이 없어도 무의식적 감정이 있을 수 있다는 이야기에서 시작해 가치 인식과 행동 준비는 로봇도 가능해 보이므로 로봇에게도 감정은 있다는 말이 됩니다.

하지만 어쩌면 정반대로 생각해야 할지도 모르겠습니다. 왜냐면 우리의 무의식에서 일어나는 마음의 활동은 컴퓨터가 정보를 처리하는 것과 같은 과정을 통해 이해되기 때문입니다. 따라서 로봇도 무의식적 감정을 가질 수 있다기보다는 우리가 지닌 무의식적 감정이 로봇이나 컴퓨터가 계산을 처리하는 과정처럼 이해된다고 하는 편이 적절할 수도 있습니다.

그렇다면 감각은 어떨까요? 로봇은 감각을 수반하는 감정, 의식적인 감정을 가질 수 있을까요? 사실 이 문제는 현재 마음의 철학에서 가장 중요한 문제인 '의식의 어려운 문제 hard problem of consciousness'와 연관이 있습니다. 마지막으로 이 문제에 대해 잠시 알아보겠습니다.

의식의
어려운 문제

우리는 왜 감각을 느낄까?

색의 감각을 설명하면서 물체에서 반사되어 눈으로 들어온 빛이 무슨 색인지는 무의식의 색각 시스템에서 이미 처리된다고 했습니다. 우리가 느끼는 것은 그 무의식에서 처리된 결과인 색의 감각뿐입니다.

그렇다면 우리는 왜 감각을 느낄까요? 사과에서 반사된 빛과 피망에서 반사된 빛의 성분이 다르다는 점은 무의식의 차원에서 이미 인식되었습니다. 하지만 이와 더불어 우리는 의식 차원에서 감각의 차이를 느낍니다. 무의식에서 이미 차이가 인식되었으니 의식적인 차이를 느끼는 데 무슨 의미가 있을까요?

감각의 역할이 불명확하다는 점을 이해하기 위해 한번 다음과 같이 생각해보겠습니다. 우선 우리의 색각 시스템의 구조가 완벽히 밝혀졌다고 해봅시다. 피망을 보고 있을 때는 눈이 이렇게 반응하고 신경계에서 이런저런 반응이 일어나 뇌의 시각피질이 이렇게 작동한다는 점이 완벽하게 밝혀졌다고 가정하겠습니다. 하지만 그렇다고 하더라도 '색각 시스템이 이런 반응을 보였을 때는 왜 초록색의 감각을 느낄 수 있을까?'라는 의문을 가져볼 수 있지 않을까요? 왜 초록색일까요? 빨간색의 감각이면 안 되는 이유라도 있는 것일까요?

이와 같은 의문에 답할 수 없다면 무의식의 색각 시스템의 구조가 밝혀지더라도 색의 감각이 무엇인지는 완벽히 설명할 수 없을 것으로 보입니다.

이것은 단순히 색에만 국한된 이야기가 아닙니다. 음색이나 온도의 차이를 두고도 같은 식으로 생각해볼 수 있습니다. 감정도 마찬가지입니다. 가치 인식과 행동 준비라는 감정의 역할은 무의식에서도 가능한데 어째서 굳이 이것을 느끼게 되는 것일까요?

감각은 무엇을 위해서 존재할까요? 의식이란 무엇일까요? 이것이 바로 의식의 어려운 문제입니다. 이 문제를 더 쉽게 이해하기 위해 사고실험을 사용하는 경우가 많습니다. 그 중 몇 가지를 소개하겠습니다.

역전 스펙트럼

역전 스펙트럼은 우리와는 색 감각이 체계적으로 정반대인 어떤 사람의 존재를 상상해볼 수 있지 않을까 하는 것입니다. 여기서는 그 사람을 A라고 합시다.

A가 사과를 볼 때 색각 시스템은 우리와 똑같이 작동합니다. 하지만 A는 빨간색이 아닌 초록색을 느낍니다. 마찬가지로 피망을 볼 때 우리는 초록색 감각을 느끼지만, A는 빨간색 감각을 느낍니다.

하지만 이런 차이가 행동으로는 나타나지 않습니다. A와 우리 모두 언어를 배웠기 때문입니다. 예를 들어 사과를 가리키며 "이게 빨간색이야"라고 누군가가 가르쳐줍니다. 이때 우리는 빨간색이라는 감각을 느끼고 그 감각을 '빨간색'이라 부른다고 이해합니다. 하지만 A는 초록색 감각을 느끼면서 그것을 '빨간색'이라 부른다고 이해합니다. 다른 색일 경우에도 마찬가지입니다. 따라서 피망과 파프리카 중에서 "초록색 줘"라는 말을 들으면 A는 피망을 볼 때 빨간색이라고 느끼고 파프리카를 볼 때 초록색이라고 느끼기는 하지만, 빨간색을 초록색이라고 부르기 때문에 피망을 건네줄 것입니다.

철학적 좀비

더욱 극단적인 예로는 철학적 좀비가 있습니다. '좀비'라 하면 공포 영화에 종종 등장하는 움직이는 시체를 떠올릴 텐데요. 철학적 좀비의 겉모습이나 행동은 보통 사람과 다르지 않습니다. 감각 기관과 뇌도 보통 사람과 마찬가지로 작동합니다. 하지만 좀비는 감각이 전혀 없고 무의식의 마음 상태만을 가지고 있지요.

역전 스펙트럼과 마찬가지로 철학적 좀비가 피망을 볼 때는 우리와 마찬가지로 색각 시스템이 작동하지만, 초록색 감각을 느낄 수는 없습니다. 그래도 "이 피망은 선명한 초록색이야"라고 말하거나 피망과 파프리카 중에서 "초록색 줘"라는 말을 들으면 피망을 가져다줄 것입니다. 만화책을 보며 깔깔 웃을 때는 무의식의 유쾌함이 발생했을 테지만 유쾌함이라는 감각은 느끼지 못합니다.

이런 사람이 존재한다고 상상할 수 있다면 무의식적 마음 시스템이 어떻게 작동하는지와 어떤 감각이 발생하는지는 별개의 문제라고 할 수 있을 것입니다. 그렇다면 무의식의 작용을 이해했다 할지라도 여전히 감각은 이해하지 못했다고 보아야 할 것입니다.

주의해야 할 점은 이런 사고실험이 '역전 스펙트럼을 지닌 사람이나 철학적 좀비가 정말로 있을지도 모른다'고 주장하지는 않는다는 것입니다. 이 사고실험들은 우리에게 감각과 의식이 있는 것은 분명하지만 충분히 설명되지는 않았고, 그렇기에 이처럼 이상한 존재의 가능성도 부정할 수 없다는 점을 강조하기 위한 것입니다.

이처럼 의식의 어려운 문제를 파고들자면 책 한 권을 따로 써야 할 정도이니 여기서는 이 정도로 간단히 소개만 하고 넘어가겠습니다. 하지만 이 문제는 현대 철학에서 가장 중요한 주제여서 관련 서적이 많이 나와 있습니다.

다시 로봇 이야기로 돌아가볼까요? 무의식적 감정이라면 로봇도 가질 수 있을 것으로 보이지만 의식적인 감정이라면 과연 어떨까 하는 이야기였습니다. 현재로서는 이에 대한 답을 내릴 수 없을 것 같습니다. 그도 그럴 것이 애당초 인간의 의식조차 다 밝혀지지 않았기 때문이지요.

8강

타인의 감정을 보는 일

우리는 타인의 감정을 신경 쓰며 사회생활을 합니다. 친구에게 말을 걸 때도 친구가 화났는지, 즐거워하는지에 따라 말을 거는 방식이 달라집니다.

그런데 이런 의문을 가져본 적은 없나요? 타인이 화를 내듯이 얼굴이 새빨개지거나 언성을 높일 때가 있는데 그건 행동뿐이지 않은가? 그 행동은 종이로 만든 인형처럼 이면에 마음 따위는 없지 않은가? 타인이 마음을 가졌다고 말할 수 있는 근거가 있는가?

이런 의문을 '타아문제'라고 합니다. 먼저 말해두자면, 이 문제는 사람에 따라 문제로 삼지 않기도 합니다. 철학 연구자 중에서도 '타인에게 마음이 있는 것은 당연하므로 문제 삼을 필요가 없다'고 생각하는 사람이 비교적 많습니다.

그러나 이번에 소개하는 타아문제의 해결 방법은 타아문제 자체에 관심이 없는 사람이라도 흥미가 생길 것입니다. 바로 '타인의 감정은 보인다'는 것입니다. 타인이 감정을 가졌다는, 눈에 보이는 증거가 있다는 것입니다.

이번 강의에서는 이런 점들을 살펴봅니다.

첫째, 타아문제를 알아봅니다.
둘째, 타인의 감정을 착각하는 경우와 표정을 감정의 표출로
      간주하는 경우를 설명합니다.
셋째, 표정은 감정의 표출이 아닌 감정의 일부라는 점에서 '타인의
      감정은 보인다'는 주장을 살펴봅니다.

타인의 마음에 관한 회의론, 타아문제

회의론적인 태도는 때로 유용하다

타아문제 problem of other minds 는 인식론이라는 분야에서 다룹니다. 인식론은 이름대로 무언가를 인식하는 상태에 관여하는 문제를 다룹니다. 대표적으로는 어떤 조건을 만족시켜야 '안다', '지식을 획득했다'고 말할 수 있을까 하는 문제가 있습니다.

'안다'는 것이 무엇인지 생각하려면 '안다고 생각했는데 사실은 알지 못했다'는 경우와 대조해보는 것이 좋습니다. 그 대조에서 생기는 것이 회의론입니다. 예를 들어 꿈의 회의론에서는 "나는 일상생활에서 다양한 경험을 했기에 여러 가지를 안다고 생각했는데, 그것은 전부 꿈이나 환상으로 정말은 아무것도 몰랐던 것은 아닌가?" 하고 말한 것까지 의심됩니다.

이런 문제를 생각해서 무슨 도움이 되냐고 말하는 사람도 있을 것입니다. 지금이 꿈이 아니라는 증거로 무엇을 들어야 할지 모르겠고, 증거를 들어봤자 특별히 좋은 일도 없습니다. 그렇다면 생각하는 만큼 헛수고라고 생각할 수도 있습니다.

그렇지만 회의론적인 태도를 몸에 익혀두면 도움이 될 때도 있습니다. 회의론에 관한 이야기를 읽으면 '어, 이런 부분도 의심할 여지가 있을까?'를 몇 번이고 알아차릴 것입니다. 그것은 '듣고 보니 조금 궁금하네'부터 '거기까지 의심하면 아무 말도 못 해'까지, 그 폭이 넓습니다. 그런데 회의론에 관한 이야기를 읽으면 의심할 여지가 있는 포인트를 찾아내는 능력을 갖추게 됩니다.

그러면 누군가에게 좋은 돈벌이가 있다든가, 이것을 먹으면 건강해진다는 광고를 봤을 때 '정말로 괜찮을까?', '어떤 근거가 있는 거지?'라고 의심할 수 있습니다. 이것이 가능해지면 속거나 실패할 가능성을 줄일 수 있을 것입니다.

그렇지만 이번 강의에서 이야기할 것은 꿈이 아니라 타인의 마음에 관한 회의론, 즉 타아문제입니다. 타인도 나처럼 마음을 가졌는가, 그 증거는 있는가 하는 의문입니다.

이 책은 감정에 관한 책입니다. 따라서 지금부터는 마음 상태의 예시로 감정을 들겠습니다. 즉 '타인이 감정을 가졌다는 증거는 있는가?'를 문제로 하겠습니다. 만약 타인이 감정을 가진 증거를 들 수 있다면 감정은 마음 상태의 일종이므로 타인이 마음을 가진다는 증거가 될 것입니다.

내 마음과 타인의 마음 알기

타인에게는 감정이 없을 수 있다는 의문이 생긴 원인 중 하나는 자기감정을 아는 방법과 타인의 감정을 아는 방법이 다르기 때문입니다.

자신에게 감정이 있는지는 스스로가 분명히 압니다. 자신이 화가 났는지, 즐거운지, 슬픈지에 대해 대략 알지요. 간혹 착각하거나 명확하지 않은 일이 있다 할지라도 의식할 수 있는 감정이라면 대체로 압니다.

그러면 자기 마음은 얼마나 파악하고 있을까요? '얼마나'라고 물어도 뭐라고 답하면 좋을지 모를 수 있습니다. 차라리 '어쨌든 알아'라고 말하고 싶을 것입니다. 자신의 의식적인 마음 상태는 특별히 아무런 노력을 하지 않더라도 직접 알 수 있습니다. 이렇게 하여 자신의 의식 상태를 직접 아는 방법을 '자기 관찰'이라고 합니다. 자기 내면을 관찰하는 것입니다.

반면에 타인의 마음은 어떤가요? 타인이 화가 났는지, 슬퍼하는지, 즉 타인이 어떤 감정을 가졌는지는 자기감정을 아는 것과 같은 방법으로는 알 수 없습니다. 당연한 말이지만, 타인의 감정은 자기 관찰을 할 수 없습니다.

타인의 감정에 대해 자기 관찰을 할 수 없다면 타인이 자신과 같이 감정을 가졌는지 의문이 생깁니다. 타인의 감정은 자기감정처럼 알 수 없다는 점에서 타인이 자신과 같이 감정을 가진다고 할 수 있을지는 알 수 없습니다.

그런데 이때 '타인의 감정은 표정이나 행동에서 추측할 수 있지 않을까?'라고 생각할 수 있습니다. 웃는 얼굴은 즐거움의 표현일 것이고, 미간의 주름이나 일직선으로 꼭 다문 입술은 화를 나타낼 것입니다. 표정을 보면 거기서 감정을 추측할 수 있다고 생각할 수 있습니다.

하지만 추측할 수 있다고 생각하는 근거가 정말 있는 걸까요? 타인에게 감정이 있다는 것을 안다면, 타인이 어떤 감정을 느끼는지 추측할 수도 있습니다. 그러나 타인에게 감정이 있다는 것 자체가 확실하게 밝혀지지 않았습니다. 분명한 사실은 타인에게 표정이 있다는 것뿐입니다. 따라서 표정이 감정의 표현이라는 근거가 애초에 없어서 감정은 표정에서 추측할 수 있다는 생각의 근거도 얻을 수 없습니다.

타인이 감정을 가진다는 증거

타아문제에 답하기 위해서는 타인이 감정을 가진다는 증거를 제시할 수 있어야 합니다. 그 증거로는 여러 가지 관점이 있는데 여기서는 '타인의 감정은 보인다'고 주장하는 관점을 설명하겠습니다. 타인의 감정이 보인다면 타인이 감정을 가진다는 증거, 더구나 눈에 보이는 증거가 있다는 것입니다.

타아문제에 특별히 흥미가 없는 사람이라도 '타인의 감정이 보인다'는 주장에는 의외로 흥미를 느낄 것 같습니다. 많은 사람은 감정을 비롯하여 마음을 눈에 보이지 않는 것으로 생각합니다. 지금부터는 그 의외성을 조금씩 없애는 이야기를 하려고 합니다.

타인의 감정을
착각할 때

　회의론은 잠시 옆에 두고 타인에게 감정이 있다고 보는 통상적인 생각으로 돌아가봅시다. 그래도 타인의 감정이 보인다는 주장은 믿기 어려울 것입니다.
　왜 타인의 감정은 눈에 보이지 않는다고 생각하는 걸까요? 우선 생각할 수 있는 것은 타인이 어떤 감정을 가졌는지 이해할 수 없거나 착각할 때가 있기 때문입니다. 매우 즐겁거나 슬프더라도 그 감정을 표정이나 행동에 드러내지 않는 사람도 있습니다. 게다가 사실은 슬프지 않은데 슬픈 척을 하거나 슬픈데 무리해서 웃는 표정을 지을 수도 있습니다. 그런 경우 타인이 무엇을 느끼는지 잘못 인지하게 됩니다. 그리고 만약 타인의 감정이 보인다면 이런 착각은 일어날 리가 없다고 생각하게 됩니다.
　먼저 알아둬야 할 점은 '보인다'는 것과 '반드시 올바른 판단을 내린다'는 것은 서로 다르다는 것입니다. '틀릴 때가 있다'는 것과 '보이지 않는다'는 것도 다릅니다.

　색이나 형태를 생각해봅시다. 색이나 형태가 보이는 것을 부정하는 사람은 없을 것입니다. 그러나 색이나 형태에 대해서 꼭 올바른 판단을 내릴 수 있는 것은 아닙니다. 방이 어두우면 물건의 색을 구별하기 어렵고, 조명의 색이 붉은색이거나 푸른색이라면 물건의 색을 착각할 수 있습니다. 멀리 있는 것의 형태는 알기 어려우며, 시력이 나쁘다면 가까운 물건의 형태도 정확하게 알 수 없지요. 물건을 지각할 때의 조건에 따라서 그 색이나 형태를 착각할 수 있습니다.

　타인의 감정도 마찬가지입니다. 우리는 눈앞의 사람이 어떤 감정을 가졌는지 잘못된 판단을 내릴 때가 있습니다. 슬프지만 무리해서 웃는 사람의 얼굴을 보고 즐거워한다고 생각하는 것은 잘못된 판단입니다. 하지만 그런 착각을 한다고 해서 타인의 감정이 보이지 않는다는 결론을 내릴 수는 없습니다. 만약 'X에 관해 틀릴 때가 있다'는 전제에서 'X는 보이지 않는다'는 결론을 도출한다면 색도 형태도 지각할 수 없는 상태가 되기 때문입니다. 당연히 그런 결론은 받아들일 수 없습니다. 이렇듯 '타인의 감정에 관해 틀릴 때가 있다'는 이유에서 '타인의 감정은 보이지 않는다'는 결론은 내릴 수 없습니다.

　유의해야 할 점은 지금의 이야기에서 '타인의 감정은 보이지 않는다'가 부정이고, 이것과 반대되는 '타인의 감정은 보인다'가 긍정인 것은 아니라는 것입니다. 그저 '타인의 감정에 대해 틀릴 때가 있으므로 타인의 감정은 지각할 수 없다'고 생각하는 것이 '잘못임을 지적할 뿐입니다. '타인의 감정은 보인다'를 긍정하려면 또 다른 근거가 필요합니다.

알기 쉽게 예를 들어 설명하겠습니다. 인터넷에서 우연히 발견한 일기 예보 사이트에서 '내일은 맑음'이라고 쓰여 있었다고 가정해봅시다. 그런데 과거를 거슬러 올라가보니 그 사이트의 일기 예보는 틀릴 때가 많았습니다. 그러면 이 사이트에서 안내하는 '내일은 맑음'이라는 예보는 신뢰할 수 없게 됩니다.

그렇다면 내일은 비가 내릴까요? 꼭 그렇다고만은 할 수 없습니다. 알 수 있는 사실은 이 사이트를 신뢰할 수 없다는 것입니다. 내일은 맑을지 비가 올지 지금은 판단할 근거가 없습니다. 이것을 판단하기 위해서는 더욱 신뢰할 수 있는 정보를 찾아야 합니다.

이와 마찬가지로 '타인의 감정을 틀릴 때가 있으므로 타인의 감정은 보이지 않는다'는 생각이 잘못되었을지라도 타인의 감정이 보이는지에 관한 판단은 할 수 없습니다. 어느 쪽이 옳은지 판단하려면 설득력 있는 다른 근거가 제시되어야 합니다.

표정은 감정의 표상일까?

타인의 감정은 보이지 않는다고 생각되는 요인을 한 가지 더 설명하겠습니다. 그것은 '표정은 감정을 나타내는 것이다'라는 상식적으로도 말할 수 있는 주장입니다. 이 주장의 무엇이 문제인지를 이해하려면 '나타낸다'는 표현의 의미를 생각할 필요가 있습니다. 철학에서는 '표상'이라는 말이 사용되지만, 말이 딱딱하게 느껴지므로 여기서는 '나타낸다'고 표현하겠습니다.

'나타내는 것'과 '나타나 있는 것'

도쿄 타워가 그려진 엽서를 생각해봅시다. 그 엽서의 그림은 실제로 도쿄 타워가 어떤 색과 형태로 이루어졌는지를 나타냅니다. 이때 그 엽서는 도쿄 타워를 '나타내는 것'이고, 도쿄 타워는 '나타나 있는 것'입니다.

우선 고려해야 할 점은 '나타내는 것'과 '나타나 있는 것'은 서로 별개라는 것입니다. 당연한 말이지만 도쿄 타워 그림이 도쿄 타워는 아닙니다. 그림은 종이와 잉크로 만들어진 것인데 도쿄 타워는 철로 만들어졌습니다. 엽서는 가방에 넣고 다닐 수 있지만, 도쿄 타워를 가방에 넣을 수는 없지요.

이처럼 '나타내는 것'과 '나타나 있는 것'은 다른 것인데, '나타내는 것'을 통해서 '나타나 있는 것'에 관한 몇 가지 정보를 얻을 수 있습니다. 엽서에 그려진 그림을 보면 도쿄 타워의 색이나 형태를 어느 정도 알 수 있을 것입니다.

도쿄 타워 그림과 실제 도쿄 타워는 색과 형태가 어느 정도 유사하여 그것은 '나타낸다'의 관계를 성립시키는 데 있어서 중요한 기능을 합니다. 하지만 '나타낸다'의 관계가 성립하기 위해서 색이나 형태가 유사할 필요는 없습니다. 예를 들어 '도쿄는 지금 비가 내린다'라는 문장도 '나타내는 것'입니다. 이 문장은 도쿄의 현재 날씨를 표현하고 있어서 그 문장을 읽으면 도쿄의 날씨 정보를 얻을 수 있습니다. 그러나 '도쿄는 지금 비가 내린다'라는 문장과 도쿄의 날씨는 색과 형태가 유사하지는 않습니다. 이 경우에는 말의 의미가 '나타낸다'를 성립시키는 역할을 하고 있습니다.

마지막으로 '나타내는 것'은 '나타나 있는 것'과 비교해서 어느 정도 옳고 정확한지를 판단할 수 있습니다. 앞서 '나타내는 것'을 통해서 '나타나 있는 것'의 정보를 얻을 수 있다고 이야기했는데, 그 정보는 정확히 맞기도 하고 틀리기도 합니다. '도쿄는 지금 비가 내린다'라는 문장은 현재 도쿄의 날씨가 비가 내리지 않고 맑다면 틀린 정보입니다. 또한 도쿄 타워의 그림이 초록색으로 그려져 있다면 그 그림은 도쿄 타워의 색을 바르게 표현하고 있지 않는 것입니다. 그림을 못 그려서 형태가 찌그러져 있다면 형태 역시 정확하게 표현되지 않았다고 할 수 있습니다.

여기까지 설명한 것으로 '나타낸다'의 핵심을 어느 정도 알 수 있을 것입니다. 중요한 점은 세 가지입니다. 첫째, '나타내는 것'과 '나타나는 것'은 별개입니다. 둘째, '나타내는 것'을 통해서 '나타나는 것'의 정보를 얻을 수 있습니다. 셋째, '나타내는 것'은 '나타나는 것'과 비교하여 정확성을 판단할 수 있습니다.

철학에서는 이런 '나타낸다'의 관계를 표상이라고 합니다. 도쿄 타워 그림은 실제 도쿄 타워를 '표상한다'라든가, 도쿄 타워 그림은 실제 도쿄 타워의 '표상이다'라고 말하곤 합니다.

지금까지의 이야기를 바탕으로 표정이 감정의 표상이라는 생각과 타아문제가 어떻게 연결되는지 설명해보겠습니다.

표정과 타아문제

표정은 감정을 나타낸다고 생각하지요? 그렇다면 어떤 철학적인 고찰을 해서 그렇게 생각하는 것이 아니라 상식적으로 그렇게 생각하는 것은 아닌가요?

여기에 '나타난다'의 세 가지 핵심을 적용해보겠습니다. 그러면 표정은 감정과는 별개이고, 표정을 보는 것으로 감정의 정보를 얻을 수 있으며, 표정과 감정을 비교하면 정확성을 판단할 수 있다는 말이 됩니다.

여기서 타아문제를 조금 더 자세하게 설명해봅시다. 그림이나 문장의 경우 '나타내는 것'과 '나타나 있는 것'을 비교하여 정보의 정확성을 판단할 수 있었습니다. 그때 우리가 '나타내는 것'과 '나타나 있는 것'을 비교할 수 있는 것은 양쪽을 각각 독립적으로 인식할 수 있기 때문입니다. 그림을 보거나 문장을 읽거나 하여 '나타내는 것'을 이해하고, 그것과는 별개로 '나타나 있는 것'의 실물을 보고 그 둘을 비교할 수 있습니다.

그러나 타인의 표정과 감정의 경우 표정은 볼 수 있어도 감정을 파악할 수 있는 수단은 없습니다. 자기감정이라면 자기 관찰로 알 수 있지만, 타인의 마음을 자기 관찰하는 것은 불가능합니다.

그러면 타인의 표정이 타인의 감정을 바르게 나타내는지를 판단할 수 없습니다. 거기서 타인의 표정은 정말로 타인의 감정을 '나타내고' 있는지, '나타나고' 있다고 여겨지는 타인의 마음은 애초에 정말로 존재하는지 의심할 여지가 생깁니다. 즉 타아문제가 발생하게 됩니다.

타아문제를 해결하는 단서

여기서는 '나타낸다'의 관계를 사용해서 타아문제를 설명했습니다. 이로 인해 타아문제를 일으키는 원인 중 하나가 '표정은 감정을 나타낸다'고 생각하기 위해서라는 것이 명확해졌습니다. 그러면 타아문제를 해결하는 단서도 얻을 수 있습니다. 즉 '표정은 감정을 나타내는 것'이라는 생각을 부정하면 됩니다.

그러면 표정과 감정이 어떤 관계라고 생각하면 좋을까요? 이번에 설명하고 싶은 것은 부분-전체의 관계입니다. 즉 표정은 감정의 일부라는 것입니다. 그렇게 생각하면 타인의 감정은 눈에 보이는 것으로 생각할 여지가 생깁니다.

표정은
감정의 일부

부분을 보면서 전체를 본다

'표정은 감정의 일부라서 보인다'는 주장의 핵심은 '무언가를 볼 때' 시야에 들어온 것이 그 무언가의 일부라는 것입니다.

눈앞의 물체, 이 책을 보는 장면을 예로 들어 설명하겠습니다. 여러분에게는 이 책이 보일 것입니다. 그때 이 책의 모든 부분이 여러분의 시야에 들어와 있지는 않습니다. 아마 시야에는 펼쳐진 두 쪽만이 들어올 뿐, 다른 쪽이나 표지, 뒤표지, 날개지는 여러분의 시야에 들어오지 않습니다.

그렇다고 해서 다른 쪽을 보려고 책장을 넘기면 이번에는 원래 보던 쪽이 보이지 않게 됩니다. 뒤표지를 보려고 책을 뒤집어도 지금 보던 쪽은 시야에 들어오지 않습니다. 이 책의 모든 부분을 한눈에 들어오게 하는 것은 불가능합니다. 하지만 '이 책을 보기' 위해서 이 책의 모든 부분이 전부 한눈에 들어올 필요는 없습니다. 오히려 일부만이라도 시야에 들어온다면 '이 책이 보인다'고 말할 수 있습니다.

　이때 시야에 들어온 책의 부분과 책 전체는 '나타낸다'의 관계는 아닙니다. '나타낸다'의 관계에서는 '나타내는 것'과 '나타나 있는 것'이 별개였습니다. 이에 반해 시야에 들어온 책의 부분과 책 전체는 별개가 아닙니다. 시야에 들어온 부분과 책 전체는 부분−전체의 관계가 됩니다. 그리고 이런 부분−전체 관계가 성립할 때 부분이 시야에 들어오면 전체를 봤다고 말할 수 있습니다.

　보이는 것 외에 먹는 것도 마찬가지입니다. 냉장고에 케이크가 있는 것을 발견하고 조금만 입에 넣고 삼켰는데 갑자기 누군가가 자신을 불러서 남은 케이크를 다시 냉장고에 넣었다고 가정합시다. 그 경우 케이크를 전부 통째로 먹지는 않았지만 그래도 '케이크를 먹은 것'이 됩니다. 그러므로 나중에 "냉장고에 넣어둔 케이크를 누가 먹으래!"라며 꾸중을 들어도 "조금밖에 안 먹었는데…"라고 변명할 수는 있지만 "먹지 않았어"라고 말할 수는 없습니다.

　이처럼 케이크의 일부만 입에 넣고 삼켜도 케이크를 먹은 것이 됩니다. 즉 대상의 일부와 관련된다면 그 대상과 관련 있다고 할 수 있습니다. 대상과 관련되기 위해서 그 대상의 모든 부분에 관여할 필요는 없습니다.

　그럼 타인의 감정은 어떨까요? 지금까지 한 이야기에

따르면, 타인의 감정을 보기 위해서 타인의 감정의 모든 부분이 시야에 들어오지는 않아도 됩니다. 감정의 일부가 시야에 들어오면 그 감정이 보였다고 말할 수 있습니다.

눈에 보이는 감정의 신체적 측면

그러면 시야에 들어온 감정의 일부는 무엇일까요? 지금부터 3강에서 5강까지의 내용을 떠올려봅시다. 감정은 사고적 요소와 신체적 요소로 성립됩니다. 예를 들어 공포의 경우에는 '위험이 다가온다'고 판단하는 사고적 측면과 심장 박동이 빨라지거나, 호흡이 가빠지거나, 근육이 긴장하는 등의 신체적 측면이 있었습니다.

그리고 여기서 몇 가지 신체적 측면은 눈에 보이는 것이었습니다. 공포를 느낄 때 표정이 경직되는 모습은 다른 사람에게 보이는 모습입니다. 마찬가지로 분노로 미간에 주름이 생기거나, 기뻐서 입꼬리가 느슨해지거나, 슬퍼서 눈물이 나는 등 표정은 볼 수가 있습니다. 감정과 관련한 신체 반응 중에는 혈류나 호르몬 균형의 변화처럼 겉에서 볼 수 없는 것도 있지만 볼 수 있는 것도 있습니다.

그리고 이런 표정은 감정의 일부였습니다. 3강에서 살펴본 안면 피드백 가설 등이 알기 쉬운 예입니다. 웃는 표정을 짓는 것만으로도 어느 정도 즐거움이 증가할 수 있다는 이론이었습니다. 이 현상을 보면 웃는 표정의 신체 반응은 즐거움이라는 감정의 일부로 생각할 수 있습니다.

여기서 표정과 같은 신체 반응도 감정의 일부라는 이야기와 일부를 보면 전체를 보게 된다는 이야기를 조합해봅시다. 그러면 표정을 보면 감정을 보게 된다는 결론에 도달합니다.

그런데 고려해야 할 점은 감정이라고 해서 무엇이든지 보이는 것은 아닙니다. 6강에서 설명했듯이 타인의 웃는 얼굴을 보는 것만으로는 그 사람이 느끼는 감정이 자부심인지 희망인지 판별할 수 없습니다. 이 두 가지 감정의 신체 반응은 유사하지만, 사고에서 구별됩니다. 자부심에는 '내 가치가 높아졌다'는 사고가 포함되고, 희망에는 '나쁜 상황에서 벗어날 것 같다'는 사고가 포함됩니다. 이처럼 이런 복합 감정은 보이지 않을 것 같지만, 5강에서 소개한 보편적인 표정에 대응하는 기본 감정에서는 타인의 감정이 보인다고 주장할 수 있을 것 같습니다.

감정이 보이면 마음이 보인다

이제 이야기를 정리하겠습니다. 앞서 이야기했듯이 감정의 일부인 표정 같은 신체 반응이 시야에 들어오면 전체인 감정이 보인다고 할 수 있습니다. 그리고 감정은 일종의 마음 상태이기에 타인의 감정이 보인다면 타인의 마음이 보이는 것이 됩니다. 그렇다면 타인이 마음을 가지고 있다는 주장의 눈에 보이는 증거가 있다고 말할 수 있습니다. 이로써 타아문제에 답할 수 있게 되었습니다.

 이번 강의에서는 타아문제에 대한 회의론과 인식론의 관점에서 타인의 감정에 관한 지식을 알아봤습니다. 어쩌면 마음과 관련한 과학을 잘 아는 사람이라면, 지금까지의 이야기가 마음 이론이라든가 심적 시뮬레이션과는 어떻게 연관되는지 의문을 가질 수 있습니다. 마음과 관련한 과학과 회의론을 연결한 고찰은 꽤 흥미로운데 그것까지 다루면 입문서의 영역을 크게 넘어가기에, 아쉽지만 여기까지만 이야기하도록 하겠습니다.

9강

감정과 기분,
감정과 고통에 대해

앞에서는 공포나 분노 등 알기 쉬운 감정에 주목했습니다. 이번 시간에는 전형적인 감정이 아닌 기분을 알아보려고 합니다. 우리는 감정과 기분을 유사한 상태로 생각하는데, 감정과 기분을 나누는 기준에는 몇 가지가 있습니다. 이번 강의에서는 다음을 알아봅니다.

첫째, 감정과 기분을 나누는 기준을 살펴봅니다.
둘째, 기분 중에서도 우울에 초점을 맞춰 그 기능과 진화적 역할을
　　　이야기해봅니다.
셋째, 여기에 더해 감정과 고통에 대해서도 알아봅니다.

감정과 기분을
나누는 기준

평소 '감정'과 '기분'을 명확히 구별하여 말하는 사람은 거의 없습니다. 그러나 둘을 구별하는 무언가는 있는 것 같습니다. 예를 들어 산길을 걷다가 뱀을 발견했을 때, "불안을 느꼈다"고 말하기보다 "공포를 느꼈다"고 말하는 편이 더 자연스럽지 않나요? 반면에 아직 산을 오르지 않은 시점에서 '산길을 걷다가 뱀이 나오면 어떡하지?'라고 생각할 때는 공포보다는 불안한 마음이 든다고 말하는 편이 더 자연스럽습니다. 그렇다면 설령 감정과 기분의 차이를 분명하게 설명하지는 못해도 무언가 구별 짓고 있다고는 생각할 수 있습니다.

다른 감정이나 기분에 관해서도 뭔가 구별은 있습니다. 분노는 감정이지만 초조함(안절부절)은 감정보다는 기분이라고 할 수 있습니다. 마찬가지로 슬픔은 감정이지만 우울은 기분이라고 말할 수 있을 것입니다.

그런데 몇 가지 감정에는 그것에 대응하는 기분이 있는 것 같습니다. 방금 말한 분노와 초조함, 슬픔과 우울이 그런 대응 관계에 있다고 볼 수 있습니다. 마찬가지로 공포의 감정에 대응하는 기분으로 불안을, 기쁨의 감정에 대응하는 기분으로 설렘을 들 수 있지 않을까요?

그렇다면 감정과 기분은 어떤 기준으로 나눌까요? 공포와 불안은 유사한 상태인데 무엇으로 둘을 구분할까요? 지금부터 에크먼과 프린츠의 견해를 참고하여 감정과 기분을 나누는 기준으로 자주 언급되는 것을 소개하겠습니다.

강한가, 약한가

가장 먼저 소개할 기준은 '강도'입니다. 기분은 대체로 약한 감정입니다. 분노나 공포, 기쁨이나 슬픔은 강렬한 마음의 상태로 경험되지만, 초조함이나 불안, 설렘이나 우울은 약한 감정으로 경험됩니다.

그러나 이런 기준은 그다지 좋은 구별법은 아니라고 생각합니다. 강한 기분이 있으면 약한 감정도 있기 때문입니다. 예를 들어 전철에서 다른 사람에게 발을 밟혔을 때 느끼는 분노는 그렇게 강하지 않습니다. 반면에 일이 손에 잡히지 않을 정도로 강한 초조함을 느낄 때가 있습니다. 매우 강한 불안을 느낄 때가 있으면, 아주 약간 무서울 때도 있습니다. 따라서 경험되는 강도로 감정과 기분을 나누는 것은 적절하지 않습니다.

얼마나 오래 지속되는가

감정과 기분의 차이는 지속되는 '시간'에 있다는 주장을 종종 듣습니다. 화는 순간적이지만 짜증은 온종일 계속될 수 있지요. 따라서 기분은 오랫동안 지속되는 감정이라 말하기도 합니다.

그러나 이런 생각도 타당하지 않은 듯합니다. 감정 중에는 오랜 시간 지속되는 감정도 있기 때문입니다. 예를 들어 소중한 사람의 죽음으로 며칠이고 몇 달이고 몇 년이고 슬픔을 안고 살아가는 일도 있습니다. 그때는 우울이라는 기분을 동반할 수도 있지만 동시에 눈물을 흘릴 만큼 슬픔을 느끼는 일도 있습니다. 또한 수명이 얼마 남지 않았다고 의사에게 선고받은 사람은 우울과 불안을 느끼기도 하지만, 꽤 오랫동안 죽음의 공포를 느낄 수도 있겠지요. 따라서 지속되는 시간으로 감정과 기분을 구분하는 것도 적절하지 않습니다.

기분이 감정을 일으키는가

다음으로 기분은 감정의 경향성이라는 생각을 살펴봅시다. 이 주장에 따르면 기분은 감정을 품기 쉬운 상태입니다. 더 구체적으로 말하면 초조함은 분노가 발생하기 쉬운 상태이고, 우울은 슬픔이 발생하기 쉬운 상태라는 얘기입니다.

이 주장은 다른 생각과 비교하여 조금 어려운 부분이 있습니다. 이 기준을 이해하기 위해서는 경향성이라는 철학의 개념을 알아야 하기 때문입니다. 결론부터 말하자면 이 기준은 어려운 데다가 설득력이 약할 것 같습니다. 결국 적절하지 않은 주장을 설명하는 것은 의미가 없다고 생각할 수도 있지만, 그래도 가끔 이 주장을 지지하는 사람이 있으므로 일단 왜 적절하지 않은지를 설명하겠습니다. 또한 경향성은 철학에서 종종 등장하는 중요한 개념이므로 이 기회에 함께 알아둡시다.

경향성의 구체적인 예로 수용성을 들 수 있습니다. 수용성은 물에 넣으면 녹는 성질입니다. 예를 들어 설탕과 소금이 수용성을 지니고 있습니다. 여기서 알아두어야 할 점은 물에 넣으면 녹는 성질은 물이 갖고 있는 것이 아니라 설탕이나 소금이 갖고 있다는 것입니다. 설탕이 물에 녹는 현상이 실제로 일어나는 것은 설탕을 물에 넣었을 때이지만, 물에 들어가면 녹는다는 잠재적인 특징은 설탕 자체에 갖추어져 있습니다.

또 다른 예로 깨지기 쉬운 성질을 들 수 있습니다. 얇은 유리컵은 책상에서 떨어지면 깨져버리는데, 깨지기 쉬운 성질은 책상 위에 있는 상태의 컵에 갖추어져 있습니다. 깨지는 일이 실제로 일어나지 않더라도 유리컵은 잠재적으로 깨지기 쉬운 성질입니다. 이외에도 전도성, 가연성, 독성 등이 경향성의 예라고 할 수 있습니다.

이 내용을 바탕으로 감정과 기분으로 다시 돌아가봅시다. 기분이 감정의 경향성이라면 기분은 잠재적인 감정이 됩니다.

이 생각이 타당하지 않은 이유는 다음의 내용을 간과했기 때문입니다. 그것은 기분이란 잠재적인 것이 아니라 감정과 같이 실제로 마음에 일어나는 상태라는 것입니다. 초조함은 특정한 조건으로 분노가 되는 잠재적인 감정이 아닙니다. 초조함도 분노도 똑같이 마음에 생겨나 우리에게 경험됩니다.

확실히 초조하면 평상시보다 화내기 쉽고, 우울하면 평소보다 슬퍼지기 쉬울지 모릅니다. 하지만 초조함도 우울도 실제로 마음에 일어나는 것이지, 잠재적인 상태는 아닙니다. 그래서 기분이 감정의 경향성이라는 주장은 감정과 기분을 구분하는 기준으로 적절하지 않습니다.

대상이 명확한가

가장 설득력이 큰 기준은 감정과 기분은 그 대상에 차이가 있다는 것입니다.

우선 감정의 대상은 분명하게 있다고 여겨집니다. 예를 들어 우리는 타인에게 불평을 들으면 화가 납니다. 그때 화가 향하는 대상이 타인(혹은 타인이 말한 불평)인 것은 분명합니다. 또한 우리는 지갑을 잃어버린 것을 슬퍼하거나, 시험에 합격한 일을 기뻐하거나, 눈앞의 뱀을 무서워합니다. 즉 '무엇에 관해서' 감정을 가지는지가 명확합니다(4강에서 구체적인 대상과 형식적인 대상을 구별했는데 여기서 이야기하는 것은 구체적인 대상입니다).

반면에 기분의 대상은 명확하지 않습니다. 왠지 모르게 초조하거나 설레거나 불안하거나 우울합니다. '무엇에 관한' 기분인지가 불분명합니다.

그렇다고 해서 '기분에는 대상이 없다'라든가 '기분은 어떤 것에도 향해 있지 않다'고 해버리는 것은 성급한 판단입니다. 여기서는 4강에서 살펴본 지향성을 떠올려봅시다. 그것은 마음의 상태에는 반드시 대상이 있다는 것이었습니다. 무언가를 볼 때는 보이는 것이 있고, 생각할 때는 생각되는 것이 있습니다. 분노를 느낄 때는 그 감정의 방향이 되는 대상이 있습니다.

기분 역시 마음 상태 중 하나입니다. 그렇다면 기분에

도 지향성이 있고, 어떤 대상이 있다고 생각할 수 있습니다. 그렇지 않다면 기분만은 다른 마음 상태와 달리 지향성을 갖지 않는 특수한 것일 수 있습니다.

물론 기분이 특수한 상태라고 주장할 수 없는 것은 아닙니다. 그러나 그 전에 정말로 대상이 없는지를 생각해봐야 합니다. 대상을 발견한다면 기분만이 특별한 상태라고 말하지 않아도 되며, 마음 상태를 지향성에 따라서 통일적으로 이해할 수 있게 됩니다.

그러면 기분의 지향성은 무엇을 향해 있을까요? 이를 이해하려면 기분은 어떤 원인도 없이 무작위로 생겨난 것이 아니라는 점에 주목해야 합니다. 예를 들어 아침에 일어나서 창문을 열고 비가 오는 것을 보고(또는 비가 올 듯이 흐린 하늘을 보고) 우울한 기분이 된 적이 있지요? 몹시 무더운 한여름에는 따가운 햇볕으로 우울한 기분이 되기도 합니다.

비나 따가운 햇볕은 그날의 행동에 제한을 줍니다. 비가 오는 날은 옷이 젖기도 하고, 우산을 들어야 해서 한 손밖에 여유가 없으며, 도로는 평상시보다 혼잡하고, 자전거는 넘어질 위험이 있어서 탈 수 없는 등 다양한 이유로 맑은 날과 똑같이 행동할 수 없습니다. 또한 몹시 더운 날은 열사병에 걸릴 위험이 크기 때문에 장시간 외출하지 않고 수분이나 염분을 많이 보충하도록 노력해야 합니다.

여기서 알 수 있는 것은 우울해질 때는 여러 가지가 잘 되지 않는다는 점입니다. '여러 가지'라는 점에 주목하세요.

슬픔을 느낄 때는 가까운 사람이 죽었다는 구체적인 일이 대상이 되지만, 우울을 느낄 때는 여러 가지 일이 잘 안 되거나 실패합니다. 마찬가지로 분노는 특정 사람에게 들은 특정한 불평 등을 대상으로 하는데, 초조함은 다양한 일을 대상으로 합니다. '어쩐지 초조해'가 아니라 '여러 가지로 초조해'라고 하는 편이 정확한 듯합니다.

정리해볼까요? 감정은 개별적이고 구체적인 대상을 향해 있습니다. 반면에 기분은 다양한 일을 향해 있습니다. 감정은 최근 일어난 개별적인 일을 대상으로 하지만, 기분은 장기간에 일어난 여러 가지 일을 종합하여 대상으로 삼고 있다고 할 수 있습니다.

왜 우울해질까?

우리가 우울하고 싶지 않은 이유

누구나 될 수 있는 한 우울해지고 싶지 않습니다. 우울해지면 어떤 의욕도 생기지 않거나, 자신의 결점에만 눈이 가서 매우 고통스러운 경험을 합니다. 그런데 우리는 왜 이렇게 싫은 기분을 경험하게 될까요? 이런 기분을 느끼게 하는 구조는 없는 편이 행복하지 않을까요?

우울처럼 분노나 공포도 부적 상태이고 경험하기 싫지만, 분노나 공포에는 알기 쉬운 역할이 있습니다. 분노는 타인에게 불평을 들었을 때처럼 자신이 무언가 부당한 대우를 받을 때 생겨납니다. 그때 분노가 발생하여 불평을 되돌려 주거나 침묵하고 싶어집니다. 이런 행동은 부당한 대우를 더는 못 하게 하기 위한 대처 방법이 됩니다. 또한 공포는 우연히 위험을 만났을 때 일어나는데, 그 위험에서 벗어나는 행동을 재촉합니다.

이처럼 분노나 공포라는 부적 감정은 그 감정의 원인을 없애거나 피하는 행동을 촉구합니다. 분노나 공포는 경험하고 싶지 않은데, 그 경험이 오래 지속되지 않도록 하는 행동을 촉구해서 우리를 둘러싼 상황을 개선하는 역할을 하는 것이지요.

반면에 우울은 어떨까요? 우울은 같은 방식으로는 이해할 수 없습니다. 우울해지면 어떤 행동도 하고 싶지 않기 때문입니다. 따라서 우울감이 발생하는 싫은 상황을 벗어나는 행동을 할 수가 없습니다.

그러면 우울은 우연히 생겨 우리를 방해하기만 하는 존재일까요? '그렇다'고 쉽게 답할 수도 없습니다. 우울이라는 기분도 인간의 마음 상태 중 하나이고 진화에 따라서 얻어진 것이기 때문입니다. 진화로 얻은 것이라면 우울에는 개체가 살아남거나 자손을 남기는 일에 도움이 되는 어떤 요소가 있을 것입니다. 어떻게 해도 방해만 되는 이 싫은 기분을 가지도록 인간이 진화했다는 주장은 믿기 어렵지만 말입니다.

진화심리학에 비춰 바라본 우울

진화심리학에서는 몸이 가지는 다양한 기능과 같이 마음이 가지는 기능도 진화의 산물로 갖춰졌다고 생각합니다.

진화의 산물은 생존이나 번식에 유익한 것으로 갖춰지기에, 마음의 작용에도 무엇인가 생존이나 번식에 이점이 될 만한 것이 있다는 것입니다. 그러나 몸의 기능을 특정하는 것과 달리 마음의 기능을 특정하는 것에는 다소 곤란한 점이 있습니다.

생물의 신체 특징이 어떻게 변화해 왔는지는 화석을 비교해보면 알 수 있습니다. 이 시대에 이 생물의 몸은 이러했다, 그 후에는 이런 몸이 되었다는 등의 변화를 추측할 수 있습니다. 반면에 마음의 화석은 남아 있지 않습니다. 몇 개의 두개골 화석을 비교하여 뇌가 있는 부분이 이만큼 커졌기에 지능이 이 정도로 진화했을 거라는 추정은 할 수 있습니다. 그러나 어느 단계에서 우울을 경험하게 되었다는 식의 세세한 부분까지는 판단할 수 없습니다.

오히려 진화심리학에서는 다음과 같은 방법을 사용합니다. 우선 '이 마음의 작용은 이런 점에서 생존이나 번식에 도움이 되었다'라는 가설을 세우고 그 가설이 설득력 있는지를 보고 가설의 타당성을 판단합니다. 유명한 이야기로, 애정이라는 감정은 파트너와 연결되는 장치로 갖춰졌다든지, 연애 중 질투는 자손을 남기거나 아이를 키우는 것과 관련해서 갖추어졌다는 설이 있기도 합니다.

우울과 계급투쟁설

우울에 관한 흥미로운 진화심리학의 가설을 한 가지 소개합니다. 우울은 계급투쟁에서 진 개체가 살아가는 일에 도움이 된다고 합니다.

무리에 계급이 있는 동물 사회에서는 어느 개체가 좋은 위치를 얻고자 하면 자기보다 높은 위치에 있는 개체와 싸워야 합니다. 싸움이 일어나면 반드시 어느 한쪽이 지게 되는데, 진 쪽이 곧바로 싸움에 재도전하는 것은 매우 높은 위험성이 있습니다. 이미 한 번 졌고 싸움으로 약해져 있어 다시질 확률이 높습니다. 게다가 이번에 지게 되면 목숨이 위험할 수 있습니다. 그런데 이때 우울해져서 어떤 행동도 취할 마음이 없어지면 그런 위험성을 피할 수 있습니다. 또한 행동을 취할 마음이 없는 모습은 이긴 개체에게 복종을 나타내는 표시가 되어 더욱 공격을 회피하게 됩니다.

이처럼 우울은 진 개체가 무리 속에서 계속 살아가는 일에 도움이 된다고 이해할 수 있습니다. 우울의 계급투쟁설에 따르면 우울은 이런 역할을 하도록 진화적으로 갖추어져왔다고 합니다.

이런 생각은 현대 사회에서 우울한 기분이 증가하는 현상도 설명할 수 있다고 합니다. 현대의 우리는 다양한 미디어를 통해서 자신보다 돈이 많거나 외모가 뛰어나거나 건강하거나 성공한 사람을 많이 보기 때문입니다. 그들을 보면서 자신이 아래 계급에 있다고 인식해 버리는 것이지요.

그렇지만 이것은 어디까지나 가설 중 하나이고 제대로 설명되지 않는 부분도 있습니다. 다음으로 그 문제점을 알아봅시다.

우울에는 더 다양한 이유가 있다

우선 주목해야 할 점이 있습니다. 계급투쟁설이 옳다면 성공한 사람일수록 우울하지 않다는 가설이 세워집니다. 왜냐하면 우울은 패자에게 도움이 되는 것이므로 승자는 우울할 필요가 없으니까요.

그러나 현실에서 꼭 그렇다고는 할 수 없습니다. 꽤 성공한 사람이라도 성공을 유지해야 한다는 압박으로 우울해지기도 합니다. 인간만큼 복잡한 생물이 되면 우울로 자살하는 일도 일어나고, 우울이 살아남기 위한 수단이 되지 않을 때도 있지요.

더 나아가 우리는 계급투쟁이라는 원인 외에도 우울해질 때가 있습니다. 가족이 사망하거나 연인과 헤어졌을 때가 그러한데, 이런 일은 계급투쟁과는 아무런 관계가 없어 보입니다. 가족이나 연인을 잃으면 사회적인 계급이 낮아질까요? 그럴 수도 있겠지만(예를 들어 자신의 회사 사장의 자녀와 결혼했는데 이혼할 경우) 그런 경우는 그리 많지 않습니다. 그렇다면 우울이 오로지 계급투쟁에 대처하기 위한 것이라는 생각은 타당하지 않아 보입니다.

주의했으면 하는 점이 있습니다. 지금까지 우울이 계급투쟁을 위해 갖춰졌다는 생각과 이에 대한 반론을 함께 소개했습니다. 그러므로 이 이야기의 핵심은 계급투쟁설이 흥미로운 가설이긴 하지만 이견도 있다는 점입니다.

강의에서 이런 이야기를 하면 뒤에 나오는 반론이 전해지지 않는 일이 종종 있습니다. B라는 주장을 소개한 다음 그것에 대한 반론을 소개해도 결국 B가 옳은 주장이라고 생각하는 사람이 많습니다. 그래서 한 번 더 이야기하지만, 우울의 계급투쟁설은 어디까지나 흥미로운 가설 중 하나일 뿐입니다. 그런 생각을 하는 사람도 있다는 정도로 이해해주세요.

고통의 감정적 측면

 마지막으로 고통과 감정에 관한 흥미로운 이야기를 하려고 합니다. 사실 우리가 평상시 느끼는 신체의 고통은 단순한 신체 감각이 아니라 신체 감각과 감정이 조합된 것이라고 합니다.

 일상적으로 우리는 몸의 고통과 마음의 고통을 구별할 수 있습니다. '실연으로 마음의 고통을 느꼈다'는 식의 말을 자주 하는데, 마음의 고통은 손을 베인 상처나 화상의 고통과 같은 종류일까요? 많이들 그렇지 않다고 생각합니다. 부상이나 화상의 고통은 신체의 손상이지만, 마음의 고통을 느낄 때는 신체에 손상이 일어나지 않습니다.

 '마음이 아프다'는 것은 오히려 강한 슬픔을 품고 있는 상태의 비유적인 표현이라고 볼 수 있습니다. 몸의 고통과 마음의 고통은 모두 싫지만, 서로 다른 것으로 생각할 수 있지 않을까요?

그런데 실제로 신체의 고통에도 감정이 관련되어 있다고 합니다. 감정이 억제되는 특수한 상황에서는 신체의 손상을 느끼면서도 그것을 싫어하지 않는 일이 일어나기 때문입니다.

먼저, 통각마비^{pain asymbolia}라는 신경 장애를 소개하겠습니다. 이 증상을 가진 사람은 바늘로 손을 찔렸을 때 신체가 손상되는 감각은 느끼지만, 소리를 지르거나 싫어하지 않습니다. 오히려 킥킥거리며 웃거나 재미있어 한다고 합니다.

이런 증상은 뇌의 뇌섬^{insula} 부분이 손상된 사람에게서 보입니다. 뇌섬은 감정에 관한 영역으로, 그곳이 손상되면 신체가 손상되는 감각은 있어도 그것에 불쾌한 감정을 느낄 수는 없다고 합니다.

또한 최면으로 통증이 가벼워지는 일도 알려져 있습니다. 그때의 뇌를 조사해보면 촉각이나 통각을 담당하는 체성 감각 피질^{somatosensory cortex}의 활동은 저하되지 않습니다. 그러나 뇌섬의 활동은 역시 크게 저하된다고 합니다. 따라서 최면 상태에 있는 사람도 신체의 손상을 느낄 수는 있어도 그것을 불쾌하게 느끼지는 않는 것입니다.

지금까지 신체의 손상을 느낄 수 있어도 불쾌감을 느끼지 않는 경우를 알아봤습니다. 반면에 이와 반대되는 경우도 있습니다. 체성 감각 피질에만 손상이 있으면 몸의 어디를 어떻게 다쳤는지는 알지 못하면서 불쾌한 감정을 느낀다고 합니다.

이런 이야기를 보면 우리가 평소 경험하는 고통은 신체의 손상 감각과 그것에 대한 불쾌한 감정이라는 두 가지가 조합된 것으로 볼 수 있습니다. 어느 쪽인지를 느끼는 능력을 잃어버리면 일반적인 고통의 경험을 잃어버리게 됩니다.

또한 평상시의 고통이 손상의 감각과 불쾌한 감정의 조합이라면 손상은 같을지라도 감정에 따라서 고통이 바뀐다고 예측할 수 있습니다. 실제로 그런 예가 보고된 적이 있습니다. 부적 감정을 느끼기 쉬우면 고통이 증가하고, 정적 감정을 느끼기 쉬우면 통증이 경감된다고 합니다.

이번 강의는 여기까지입니다. 앞으로 하게 될 수업은 응용편으로, 감정 연구와 윤리학 또는 미학의 관계를 알아봅니다.

Philosophy of Emotion

10강

감정과 이성은
대립하는 걸까?

다음 문제를 읽고 생각해봅시다.

린다는 31세의 미혼 여성입니다. 외향적이고 매우 총명한 사람입니다. 그녀는 철학을 전공했습니다. 학생 시절에는 차별과 사회 정의 문제에 깊은 관심을 가졌습니다. 반핵 시위에 참여한 적도 있습니다.

다음 중 어느 쪽이 그녀일 가능성이 클까요?

Ⓐ 은행원
Ⓑ 페미니즘 활동을 하는 은행원

답을 정했나요?

이 문제는 감정과 이성의 차이를 나타내는 예문으로 자주 등장합니다. 문제의 답은 강의 후반에 설명하겠습니다. 지금 생각한 답을 꼭 기억해 두세요.

감정은 이성과 쉽게 비교됩니다. 게다가 이성보다 열등한 것으로 여겨지는 일이 많습니다. 그러나 현재의 감정 연구에서는 오히려 감정과 이성이 다른 역할을 한다고 생각하거나, 감정이 없으면 이성적일 수도 없다고 말하기도 합니다. 이번 강의에서는 관련 연구를 소개하며 다음 내용을 살펴봅니다.

첫째, 감정과 이성이 대립한다는 주장에 의문을 제기합니다.
둘째, 감정이 없으면 이성적일 수도 없다는 점을 보여주는
      신경과학의 사례를 소개합니다.
셋째, 감정과 이성의 관계를 나타내는 이중 과정 이론을 살펴봅니다.

감정은 합리적이지 않다?

이성과 감정의 대립은 '머리와 마음의 대립'이라고 말하기도 합니다. 그뿐만 아니라 대립하는 상황에서 감정은 늘 악한 존재가 됩니다. 아마 "감정에 휩쓸려서 이성을 잃었어"라든가, "이성이 감정을 통제하지 않으면 안 돼"라는 말을 들어본 적이 있을 테지요.

그런데 정말로 이성과 감정은 대립하는 걸까요? 먼저 이성과 감정이 각각 무엇인지 살펴봅시다.

이성적인 것은 곧 합리적인 것

이성이란 무엇일까요? 일반적인 의미에서 '이성적인 사람'은 사고나 분별력이 있고 냉정하며 합리적이고 일관성이 있는 사람일 것입니다. 이런 사람을 '합리적인 사람'이라고도 할 수 있겠지요. 여기서는 '이성적'과 '합리적'을 같은 의미로 사용하겠습니다.

이에 반해 편파적으로 행동하거나 주관적으로 일을 결정하여 타인의 이야기를 듣지 않는 사람은 이성적, 합리적이라고 할 수 없습니다. 그런 것은 불합리하고 이치에 맞지 않지요. 이런 점에서 이성적인 사람은 일의 도리에 따라서 생각하거나 행동하는 사람이라고 할 수 있습니다.

이성적으로 되기 위한 조건은 몇 가지가 있습니다. 예를 들어 타인도 이해할 수 있도록 공적으로 설명할 수 있어야 한다는 점이 중요합니다.

회사에서 누군가의 승진을 결정할 때 업무 성적이 가장 좋은 사람을 선택하는 사장은 합리적인 사람입니다. 왜냐하면 그 사람의 승진에는 공적으로 설명할 이유가 존재하기 때문입니다. 바로 업무 성적이 가장 좋다는 것이지요. 아마 그 사람이 승진해서 리더가 되면 분명 업무도 순조롭게 진행될 것입니다. 따라서 회사의 모든 사람이 그 인사를 이해하고 받아들일 수 있습니다.

반면에 비록 업무 성적은 나빠도 자신과 개인적으로 사이가 좋은 사람을 승진시킨 사장은 어떤가요? 이것은 불합리하고 이치에 맞지 않아 보입니다. 그 사람이 사장과 관계가 좋은 것은 회사나 업무와 아무런 관계가 없습니다. 오히려 나쁜 영향이 있겠지요. 게다가 업무 성적이 낮은 사람이 리더가 되면 회사는 혼란스러워질 것입니다. 사이가 좋아서 승진시켰다는 명목은 어느 누구도 이해할 수 없고 공적인 설명으로도 부적절합니다.

그러므로 이성적이거나 합리적으로 행동하기 위해서는 타인도 이해할 수 있는 판단을 해야 할 것입니다.

감정과 이성적 사고의 공통점

지금까지 감정에 관해서 설명해왔습니다. 감정에는 신체적 측면과 사고적 측면이 있다고 했지요.

공포를 느낄 때는 등골이 오싹합니다. 그 감각은 근육이 긴장하거나 호흡이 가빠지는 신체 반응을 느낀 것입니다. 이 신체 반응은 공포의 원인이 되는 대상에 대처하기 위한(도망가거나 싸우는 등) 준비 행동입니다. 그리고 대상의 위험성은 감정의 사고적 측면에 의해서 인식됩니다. 감정에 포함되는 사고는 자기가 어떤 상황에 부닥쳐 있는지를 평가합니다. 바꿔 말하면 그 상황의 가치를 인식하는 것이지요.

가치를 인식하는 것은 감정 특유의 기능이 아닙니다. 이성적 사고도 가치를 인식할 수 있습니다. 이 상황이 어떻게 위험한지, 그 행위가 왜 침해가 되는지, 이 대상이 어떻게 좋은지 등 다른 사람도 이해하도록 설명할 수 있습니다.

그렇다면 감정과 이성적 사고는 전혀 다른 마음의 상태가 아닙니다. 모두 가치를 인식하기 때문입니다. 물론 감정에 포함되는 사고는 가치를 인식하는 일에 특화되었지만, 이성적 사고는 가치 이외의 것도 인식한다는 차이가 있습니다. 그러나 가치를 인식하는 점은 공통된다고 할 수 있지요.

감정의 합리성 판단하기

감정에도 합리적인 것과 불합리한 것이 있습니다. 공포증을 생각해봅시다. 비행기 공포증이 있는 사람에게 아무리 비행기가 상대적으로 사고가 적은 교통수단이라고 설명해도 그 사람은 두려워서 비행기를 타고 싶어 하지 않습니다. 자기도 비행기가 안전하다는 것을 안다고 합니다. 그런데도 무서워서 타고 싶지 않은 것입니다. 이 공포는 불합리한 것입니다. 그 사람이 공포를 느끼는 이유는 다른 사람은 이해할 수 없는 문제입니다.

한편 합리적인 공포도 있습니다. 친구가 "요전에 산길을 걷는데 갑자기 뱀이 나타나서 무서웠어"라고 말했다고 합시다. 이야기를 듣고 '무서워하는 것도 당연하지. 같은 상황이었다면 나도 무서워했을 거야'라는 생각이 듭니다. 그 공포의 이유는 타인도 이해할 수 있는 범위에 있습니다. 뱀은 위험한 동물이니까요. 그래서 이 공포는 합리적인 감정이라고 말할 수 있습니다.

두 가지 예에서 알 수 있듯이 감정에 대해서도 타인의

이해 여부를 기준으로 합리성을 판단합니다. 그렇다면 감정은 이성과 대립하지 않는다고 생각할 수 있습니다. 만약 감정과 이성이 전혀 다른 것이라면 감정은 합리적인 판단을 할 수 없겠지요.

지금까지 감정은 이성과 대립하지 않는다고 설명했습니다. 그런데 여기에 더욱 중요한 논점이 있습니다. 감정을 가지는 능력이 없어지면 합리적인 행동을 할 수 없다는 것입니다. 다음 내용에서 그 점을 알 수 있는 신경과학 연구를 소개하겠습니다.

뇌의 '이곳'이 손상되면
인격이 바뀐다

신비로운 복부내측전전두피질

여기서는 신경과학자 안토니오 다마지오의 연구를 소개하겠습니다. 다마지오는 3강에서 소개한 신체 반응을 중시하는 감정 이론을 현대 신경과학의 관점에서 지지하는 사람으로 유명합니다. 그는 감정에 관한 많은 책을 집필했고 해외에 번역된 책도 꽤 있습니다. 지금부터 복부내측전전두피질 VMPFC, Ventral Medial Prefrontal Cortex 손상에 관한 그의 연구를 살펴보겠습니다.

다마지오는 19세기 미국의 철도회사 직원인 피니어스 게이지라는 사람의 이야기를 했습니다. 1848년 여름, 25세의 게이지는 철도 확장 공사의 현장 감독으로 일했습니다. 암석을 폭파하여 평평한 길을 만드는 작업을 지휘하고 있을 때, 그는 실수로 1미터 정도의 쇠막대로 화약을 내려쳤습니다. 그 순간 화약이 폭발하여 쇠막대가 그의 머리를 관통했습니다.

하지만 그는 기적적으로 목숨을 건졌습니다. 그뿐만 아니라 두 달도 안 돼서 의사로부터 다 나았다는 이야기를 들었습니다. 왼쪽 눈의 시력은 잃었어도 오른쪽 눈은 볼 수 있었고 언어나 기억, 운동 기능에서 큰 장애도 보이지 않았습니다.

그러나 사고로 크게 변한 점이 있습니다. 바로 그의 인격이었습니다. 예전의 그는 공사 계획을 잘 수행했고 머리가 좋았으며 매우 활동적인 사람이었습니다. 그러나 사고 후에는 변덕스럽고 저속한 말을 내뱉으며 타인을 존중하지 않고 기분에 따라 행동했으며 자신이 세운 계획을 실행할 수 없게 되었습니다. 결국 그는 더는 현장 감독으로 일을 할 수 없었습니다. 그 후 서커스에서 자신의 상처와 관통한 쇠막대를 보여주는 등의 일을 했는데, 생활은 계속해서 불안정했습니다. 그리고 1860년 36세의 나이로 세상을 떠났습니다.

게이지의 인격이 변한 원인은 무엇일까요? 그가 100년도 훨씬 넘은 시절의 사람이기에 그 자체를 자세하게 조사할 수는 없습니다. 그러나 보존된 그의 전두엽에서 손상된 부분을 대략 알 수 있었습니다. 바로 복부내측전전두피질이라는 뇌 영역입니다.

오늘날에도 게이지와 마찬가지로 이 영역이 손상되어 인격이 변한 사례가 있습니다. 다마지오는 엘리엇(가명)이라는 환자를 예로 듭니다.

　엘리엇은 사회적으로도 성공했고, 남편으로도 아버지로도 훌륭한 인물이었다고 합니다. 그런데 점차 심한 두통에 시달리게 되었습니다. 게다가 두통이 심해지면서 책임감도 상실하게 되어 예전처럼 일을 수행할 수 없었습니다. 원인은 뇌종양이었습니다. 뇌의 표면을 덮는 수막에 종양이 생겨서 그것이 전두엽을 압박한 것이었습니다.

　그 종양의 제거 수술에서는 흔히 그러하듯 손상된 영역도 함께 제거하기에, 그의 종양뿐만 아니라 전두엽의 일부도 함께 제거되었습니다. 수술은 성공적으로 끝났고 종양의 재발 예후도 보이지 않았습니다. 또한 지각이나 기억, 지식, IQ 등에도 아무런 문제가 없었습니다.

　그러나 수술 후 그는 변덕스러운 성격이 되었고 계획을 실행하지 못해 결국 회사에서 해고당했습니다. 새로운 회사에서도 꾸준히 일하지 못하고 해고당하는 일이 반복되었습니다. 또한 평판이 나쁜 사람과 동업하거나 문제가 많은 사업에 투자해 마침내 파산하고 말았습니다. 이런 상황에서 아내와 이혼했고, 주변에서 반대하는 사람과 재혼했지만 머지않아 또다시 이혼했습니다. 이처럼 그는 수술 이후 합리적인 결정이나 행동을 할 수 없게 된 것입니다. 더욱이 다음 진료일을 정하는 일상적인 결정조차 할 수 없게 되었습니다.

　그에게 보이는 변화가 한 가지 더 있었습니다. 감정을 느끼지 않게 된 것입니다. 그는 자기에게 일어난 비극에 슬퍼하지 않았으며, 오랫동안 검사를 받거나 계속해서 질문해도 화를 내지 않았습니다. 순간적으로 감정을 드러낼 때도 있었지만 그 감정도 곧바로 진정되어 평소의 모습으로 돌아왔다고 합니다.

엘리엇과 게이지의 손상된 복부내측전전두피질은 뇌에서 감정 관련 신체 반응을 일으키는 신호를 보내는 영역입니다. 이 영역이 손상되면 감정을 느끼는 능력을 잃게 되지요. 그렇다면 이 영역의 손상으로 감정을 잘 느끼지 못하게 되는 것과 엘리엇과 게이지처럼 합리적인 결정을 할 수 없는 것은 어떤 관계가 있을까요? 이것을 설명하기 위해 다마지오의 실험을 좀 더 살펴봅시다.

다마지오의 도박 실험이 말해주는 것

이번에는 도박을 이용한 실험을 소개합니다. 이 실험은 아이오와대학에서 실시되어 흔히 '아이오와 도박 과제 Iowa gambling task'라는 말로 통용됩니다.

실험 참가자(플레이어)는 우선 2,000달러의 모의 지폐를 받습니다. 그리고 A, B, C, D 중에서 카드를 뽑습니다. 각각의 카드에는 "100달러 받기", "50달러 받기"가 쓰여 있습니다. 카드에는 그런 이익만 쓰여 있는 것이 아닙니다. 때로는 "100달러 내기", "50달러 내기"가 적혀 있기도 합니다.

그리고 이 과제의 최종 목적은 가진 돈을 불리는 것입니다.

사실 실험에는 참가자가 알지 못하는 규칙이 있습니다. A와 B의 카드는 어떤 카드를 뒤집어도 "100달러 받기"가 쓰여 있지만, C와 D의 카드는 어느 카드를 뒤집어도 "50달러 받기"가 쓰여 있습니다. 그러나 A와 B의 카드는 때로는 1,250달러라는 높은 지불을 요구합니다. 반면에 C와 D의 카드에서 요구하는 금액은 평균 100달러 미만입니다. 그래서 A와 B의 카드는 눈앞의 이익은 많아도 그 카드만 계속 뽑으면 최종적으로 손해를 보게 됩니다. 이에 비해 C와 D는 눈앞의 이익은 적어도 그 카드만 계속 뽑으면 최종적으로 이익을 얻게 됩니다.

실험에서는 복부내측전전두피질이 손상된 사람과 건강한 사람에게 이 과제를 수행하게 했습니다. 그 결과 복부내측전전두피질이 건강한 사람은 처음에는 높은 금액에 유혹되어 A나 B의 카드를 뽑았지만, 결과적으로는 손해를 본다는 사실을 깨닫고 C나 D의 카드를 많이 뽑았습니다. 반대로 이 영역이 손상된 사람은 마지막까지 A나 B의 카드를 많이 뽑았고 최종적으로 가진 돈을 전부 잃었다고 합니다. 이 실험에서는 실생활에서와 마찬가지로 복부내측전전두피질의 손상으로 계획적인 행동을 할 수 없는 모습을 볼 수 있습니다.

이 과제를 수행할 때 피부전도 반응도 조사했습니다. 피부전도 반응은 신경의 흥분이나 땀의 분비로 피부의 전도

율이 변화하는 것입니다. 복부내측전전두피질이 손상된 사람도 건강한 사람도 카드를 뽑아 이익을 얻거나 손해를 볼 때 피부전도 반응이 있었습니다. 게다가 이 영역이 건강한 사람은 몇 번의 카드 뽑기로 득과 실의 경향을 이해하게 되면서 A나 B의 카드를 뽑는 생각(나쁜 결과에 대한 예상)만 해도 피부전도 반응이 있었습니다. 반면에 손상된 사람은 그런 예상으로 인한 피부전도 반응은 없었다고 합니다.

다마지오는 이 실험에서 '신체표지 somatic marker 가설'이라는 이론을 주장했습니다. 'soma'는 그리스어로 '몸'이라는 뜻이며, 신체적인 표시를 나타냅니다. 다마지오에 따르면 감정에 동반하는 신체 반응은 그 자체로 일이 좋거나 나쁜지를 판단하는 신호가 됩니다. 그리고 그 신호가 복부내측전전두피질에 축적되어 의사 결정이나 판단에 이용되지요.

우리가 행동을 결정할 때는 감정의 신체 반응에 따라 좋고 나쁨을 판단하고, 그 판단은 오랜 시간 동안 쌓여서 자신에게 어떤 이익이 되는지를 판단할 때 사용됩니다. 그러나 복부내측전전두피질이 손상되면 신체표지를 이용할 수 없어 눈앞의 이익만을 좇게 됩니다. 그래서 이 영역이 손상된 사람은 도박 과제에서도 실생활에서도 계획적인 행동을 할 수 없게 되는 것입니다.

즉 합리적으로 행동하기 위해서는 감정에 따른 가치 판단은 없어서는 안 될 요소입니다. 그렇다면 감정과 이성의 대립은 고사하고 이성적으로 행동하려면 오히려 감정이 꼭 필요하다고 할 수 있습니다.
 지금까지 감정과 이성은 대립하는 것이 아니라고 설명했지만, 한편으로 일상에서는 대립하는 일이 많은 것도 사실입니다. 그러면 감정과 이성이 전혀 다른 것이 아니라고 해도 어떤 차이가 있지 않을까요?

두 개의 마음 시스템

시스템 1과 시스템 2

감정과 이성의 차이를 설명하기 위해서 인간의 마음에 관한 또 다른 연구를 소개하겠습니다. 이중 과정 이론$^{dual\text{-}process\ theory}$입니다. 이 이론에 의하면 인간의 마음에는 시스템 1과 시스템 2라는 두 개의 시스템이 존재합니다.

시스템 1이 작동하는 과정은 빠르고 자동적입니다. 그 작용에는 대체로 지각이나 감정, 직관 등이 해당됩니다. 예를 들어 책상으로 시선을 돌리면 곧바로 어떤 어려움도 없이 책상이 보입니다. "책상을 보자"라고 결의에 찰 필요는 없지요. 주변에서 소리가 나면 저절로 귀에 들어옵니다. 우연히 뱀을 보면 무서워할지 말지 스스로 정할 필요도 없이 멋대로 공포가 생깁니다. 또한 수학자가 수식만을 보고 머릿속에 답이 '탁' 떠오를 때도 시스템 1이 사용됩니다.

반면에 시스템 2가 작동하는 과정은 노력과 시간이 필요합니다. 그것은 여행 계획을 세우거나, 복잡한 계산 문제를 풀거나, 선거에서 누구를 뽑을지 생각하는 경우에 사용됩니다. 궁리나 이성적 사고에 해당하지요. 이 시스템을 작동하기 위해서는 증거를 모으거나 상황을 상상하는 등 능동적인 노력이 필요합니다. 따라서 그만큼 시간이 소요됩니다.

시스템 1과 시스템 2의 차이를 이해하기 위한 몇 가지 예가 있는데 그중 하나가 이번 강의를 시작할 때 냈던 '린다 문제'입니다.

대표성 편향 주의하기

앞에서 린다 문제를 읽고 'Ⓐ 은행원'과 'Ⓑ 페미니즘 활동을 하는 은행원' 중에서 무엇을 답으로 골랐나요? 아마도 Ⓑ를 선택한 사람이 많을 것 같습니다. 그러나 정답은 Ⓐ입니다.

그녀에 관한 설명을 보면 '페미니즘 활동을 하고 있지 않을까?'라고 생각했겠지요. 그러나 문제는 '어느 쪽일 가능성이 큰가?'입니다. 이 점을 고려해서 한 번 더 생각해봅시다.

은행원 중에는 페미니즘 활동을 하는 사람도 있고 하지 않는 사람도 있습니다. 페미니즘 활동가인 은행원은 은행원 중 일부입니다. 그래서 가능성만을 생각하면 범위가 더 넓

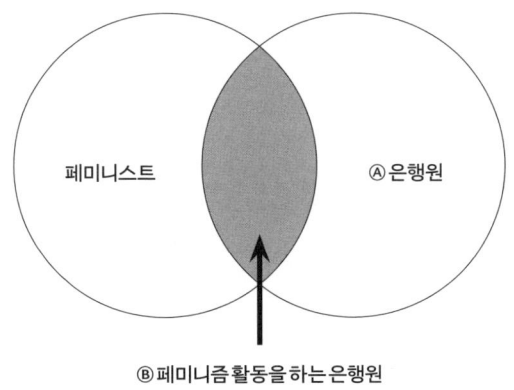

어느 쪽이 린다일 가능성이 클까?

은 '은행원' 쪽이 그녀일 가능성이 큽니다. '페미니즘 활동을 한다'고 한정해버리면 범위가 좁아지고 그만큼 가능성이 작아집니다. 그림을 살펴보면 한 번에 이해가 될 것입니다.

그러나 빠르게 머리에 떠오른 답은 ⓑ입니다. 솔직하고 총명하며 철학을 공부했다는 묘사는 페미니즘 활동을 하는 사람의 전형적인 모습에 해당합니다. 그러므로 깊게 생각하지 않으면 ⓑ를 고르게 됩니다. 이런 오류를 '대표성 편향representativeness bias'(기존의 전형적인 이미지로 판단하는 것—옮긴이)이라고 합니다. 빠르고 자동적인 시스템 1을 사용하여 답을 하면 이런 오류에 빠지기 쉽습니다.

그러나 주의 깊게 시간과 노력을 들여 신중하게 생각하면 '순수하게 가능성만을 고려하면 답은 ⓐ다'라고 알아챌 수 있습니다. 이때는 시스템 2가 사용됩니다.

각각의 마음 시스템이 능력을 발휘하는 상황

린다 문제를 보면 시스템 1은 빠르고 자동으로 작동하지만 틀리기 쉽고, 시스템 2는 시간과 노력이 필요한 만큼 일을 정확하게 인식할 수 있다는 점을 알 수 있습니다. 그리고 앞서 시스템 1은 감정이라고 불리는 것에 해당하고 시스템 2는 이성이라고 불리는 것에 해당한다고 했습니다. 그렇다면 '역시 감정보다 이성이 우수하지 않은가?'라고 생각할 수도 있습니다.

그러나 반드시 그렇다고 단정 지을 수도 없습니다. 린다 문제와 같은 예는 시스템 2를 사용하는 편이 효과적이지만, 시스템 1을 사용하는 편이 더 적절한 경우도 있기 때문입니다.

산길을 걷고 있을 때 갑자기 곰을 만났다고 합시다. 그때 시스템 2를 사용하면 '몸이 크고 털이 많으며 검고 네 발로 다니는 동물이 나타났네. 전에 이것을 본 적이 있어. 곰이다. 곰은 사람을 공격한다지. 게다가 달리기도 빠르다던데. 이것은 위험하다. 도망가야 해…'라고 생각하는 도중에 곰이 공격할 수 있습니다. 따라서 시스템 2보다 시스템 1을 작동시켜 곰을 인식한 후, 바로 공포를 느끼고 도망가는 편이 안전할 확률이 큽니다.

시스템 1에는 편향^{bias}이 있어서 틀리는 일도 많습니다. 실제로 곰이 아닌데도 곰과 유사한 모습을 보고 그것을 곰이라고 인식한 후 공포를 느끼고 도망치기도 합니다. 그러나 그때는 "뭐야, 곰이 아니었잖아. 괜히 무서워했네" 정도로 끝날 것입니다.

이런 경솔함을 막기 위해 시스템 2를 사용하여 곰곰이 생각하고 있으면, 그 곰처럼 보이는 것이 진짜 곰일 경우에는 순식간에 공격당해 목숨을 잃을 수 있습니다. 존재하지 않는 것에 공포를 느껴서 생기는 손해와 한 번에 끝나버리는 손해를 비교하면 분명히 전자의 경우가 더 나을 것입니다. 한 번의 실수로 목숨을 잃을 수 있는 상황에서는 간혹 틀리는 경우가 많을지라도 바로 대처 행동을 하는 편이 더 유익합니다.

이렇게 보면 인간이 살아가는 데는 시스템 1도 시스템 2도 모두 필요합니다. 단지 두 시스템이 능력을 발휘하는 상황이 다를 뿐입니다. 시스템 1은 신중하게 생각할 시간이나 노력을 들일 수 없을 때 사용할 수 있고 그만큼 오류도 발생합니다. 반면에 시간이나 노력을 들일 수 있는 경우에는 시스템 2를 사용하는 편이 더 정확하게 판단을 내릴 수 있습니다.

감정과 이성은 상호 보완적

　이처럼 시스템 1의 작용인 감정과 시스템 2의 작용인 합리적인 숙고는 능력이 발휘되는 상황이 다릅니다. 그러므로 감정과 이성은 둘 중 어느 한쪽이 다른 한쪽보다 뒤떨어지거나 나쁘지 않습니다. 단지 시스템 2를 사용하는 것이 더 효과적인 상황에서 시스템 1을 사용해버리면 틀린 판단이나 선택으로 이어집니다. 린다 문제가 바로 그런 예를 보여줍니다.

　여기서 추측할 수 있는 것이 있습니다. 감정이 나쁜 취급을 받는 이유는 시스템 2가 효과적인 상황에서 시스템 1이 작동하여 실패한 경우가 눈에 더 띄었기 때문입니다. 충분히 생각하면 이해할 수 있는 일인데 경솔하게 화를 내서 주위 사람들에게 나쁜 인상을 준 일은 싫은 기억으로 남을 것입니다. 그런 실패는 몇 번이나 되돌아보며 후회하기 쉽습니다. 그래서 감정에 따라 행동하다가 실패한 경우가 눈에 더 띄는 것 같습니다.

　그러나 시스템 1의 작용인 감정이 있어서 잘될 때도 있고, 복부내측전전두피질의 손상 이야기에서 알 수 있듯이 감정이 없으면 합리적인 행동도 할 수 없습니다. 감정은 우리 발목을 잡는 나쁜 것이 아닙니다.

　다음 강의에서는 감정과 도덕의 관계를 살펴보려고 합니다. 실은 이번에 설명한 두 가지 마음 시스템은 도덕적 판단에도 관련된다고 합니다. 11강에서는 이중 과정 이론의 관점에서 감정과 도덕을 이야기하겠습니다.

Philosophy of Emotion

11강

감정과 도덕의 관계

앞에서 이중 과정 이론의 관점에서 감정과 이성의 차이를 설명했습니다. 이번 강의에서는 한층 더 나아가 감정과 도덕의 관계를 알아봅니다.

첫째, 도덕적 판단이란 무엇인지 특징지어봅니다.
둘째, 유명한 도덕적 딜레마인 트롤리 딜레마를 소개합니다.
셋째, 트롤리 딜레마를 통해서 공리주의와 의무론이라는 현대 도덕 철학과 윤리학의 중요한 사상을 설명합니다.
넷째, 이중 과정 이론의 관점에서 도덕적 판단과 감정의 관계를 살펴봅니다.

도덕적 판단에 따른
행동에 대해

　도덕적 판단의 구체적인 예로는 '거짓말하는 것은 나쁘다', '다른 사람을 도와주는 것은 좋은 일이다', '친구를 속여서 돈을 뺏는 일은 최악이다', '강에 빠진 아이를 구한 저 사람의 행동은 용감했다' 등이 있습니다. 이런 판단은 일상생활에서도 할 수 있습니다. 그렇다면 이런 판단에 어떤 특징이 있는지 자세하게 살펴봅시다.

　우선 도덕적 판단은 문제가 되는 대상이 어떤 특징을 가진다고 합니다. '용감한 행동이다'라는 판단은 그 행동이 용감성이라는 특징을 가진다고 합니다. 마찬가지로 '잔혹한 행위다'라는 판단은 그 행동이 잔혹성을 가진다고 합니다. 이것은 '이 책상은 빨갛다'라는 색의 판단과 같습니다. '이 책상은 빨갛다', '빨간 책상이다'라는 판단도 문제가 되는 대상이 어떤 특징(색)을 가진다고 합니다.

　그러나 도덕적 판단이 대상의 특징만을 말하는 것은 아

닙니다. "그 행동은 나쁘다"라고 말할 때는 그 행동에 나쁜 점이 있으며 그런 행동은 그만둬야만 한다는 요청이 포함되어 있습니다. "친절한 행동이다"라고 말할 때는 같은 행동을 더욱 유지하라는 것이 장려됩니다.

반면에 '빨간 책상이다'라는 판단은 책상이 빨갛다는 특징을 가졌다고 말할 뿐, 어떤 행동을 촉구하는 듯이 보이지 않습니다. 그것을 행동의 요청으로 이해하려면 특수한 사정이 있어야 합니다. 예를 들어 누군가가 예전에 "파란 책상을 여기에 둬"라고 말했는데 그 말을 잊어버리고 빨간 책상을 두었습니다. 그런데 누군가가 "빨간 책상이다"라고 말하는 것을 듣고 '파란 책상을 뒀어야 했는데'라고 기억하는 일이 있을 수 있습니다.

도덕적 판단과 색 판단의 이런 차이는 사실과 가치의 차이에 대응한다고 종종 말합니다. '이 책상은 빨갛다'는 판단은 단지 사실을 말하는 것뿐인 데 반해, '그 행위는 나쁘다'는 판단은 좋고 나쁨이라는 가치를 말합니다. 가치는 몇 번인가 이전 강의에서 설명했는데 주체의 생명이나 생활에 중대한 영향을 끼칩니다.

물체가 무슨 색인지는 생명이나 생활에 중대한 영향을 미치지 않습니다. 빨간색이라서 위협적이고 초록색이니까 먹으면 몸에 좋다는 것은 말도 안 되는 일입니다. 가끔 "동물이나 식물의 색이 빨갛거나 노란 것은 독이 있다는 표시야"라는 말을 듣곤 합니다. 사실 빨갛거나 노랗더라도 해가 없을 수 있고 초록이라도 독이 있을 수 있습니다. 따라서 색깔 그 자체와 가치는 반드시 연결되지는 않습니다.

반면에 좋은 행위와 나쁜 행위는 생명이나 생활에 직접적인 영향을 줍니다. '좋은' 행위는 생명이나 생활을 개선하고, '나쁜' 행위는 자신 또는 타인의 생명이나 생활을 나쁜 쪽으로 이끕니다. 그러므로 도덕적 판단은 행동을 촉구하는 측면이 있다고 이해할 수 있습니다. 부정적인 도덕적 판단은 그렇게 판단된 일을 줄이도록 요청하고, 긍정적인 도덕적 판단은 그렇게 판단된 일을 늘리도록 요청합니다. 여기서 도덕적 판단과 감정의 관계가 일부 보입니다.

지금까지 몇 번이나 감정은 가치에 대한 반응이라고 이야기했습니다. 공포는 위험, 분노는 침해, 슬픔은 상실, 기쁨은 좋은 기회라는 가치를 인식합니다. '가혹한 행위'라는 판단이 들 때는 그 행위의 부정적인 부분이 인식되어 분노나 혐오 같은 부정적인 감정이 느껴집니다. 반면에 '훌륭한 행위'라는 판단이 들 때는 그 행위의 긍정성이 인식되어 관심이나 칭찬 같은 긍정적인 감정이 느껴집니다.

더욱이 감정에는 행위를 촉구하는 힘이 있습니다. 기쁨이나 즐거움 같은 긍정적인 감정은 그 원인을 지속, 확대하는 행위를 장려하고, 공포나 분노, 혐오 같은 부정적인 감정은 그 원인을 회피, 감소하는 행위를 증진합니다. 그것에 대응하도록 도덕적 판단에는 행위를 증진하는 측면이 있습니다. '친절한 행위' 같은 긍정적인 도덕적 판단은 그런 행위를 증가하도록 촉구하고 '가혹한 행위' 같은 부정적인 도덕적 판단은 그런 행위를 줄이도록 촉구합니다.

도덕적 판단과 행동의 이야기로 다시 돌아가봅시다. 좋은 행위를 장려하고 나쁜 행위를 그만두게 하는 것은 '해야 할'이라는 표현에서 잘 나타납니다. 이 상황에서는 어떤 행동을 해야 한다, 그런 행동은 하지 말아야 한다는 식이지요. '동물을 죽여서 먹는 행위는 나쁘다'는 판단은 '동물을 먹지 말아야 한다'는 판단에 바로 연결되지요.

더욱이 이런 '해야 할'과 대립하는 것이 있습니다. 동물의 생명을 지키는 관점에서 채식주의자가 된 사람은 다른 사람들에게 "고기를 먹지 말아야 한다"고 말합니다. 그러나 다른 사람들은 쉽게 설득당하지 않으며 고기를 먹는 것이 그렇게 나쁘지 않다고 반론하지요.

이 대립의 예로 유명한 트롤리 딜레마를 소개합니다.

트롤리 딜레마의
두 가지 시나리오

스위치 시나리오

트롤리 딜레마는 철학자 필리파 풋의 논문으로 유명해진 사고실험입니다. 트롤리는 노면 전차를 말합니다. 먼저 다음 상황을 생각해봅시다.

브레이크가 고장 난 노면 전차가 저쪽에서 달려옵니다. 그 선로 앞에는 전차가 오는 것을 모른 채 작업에 열중해 있는 다섯 명의 인부가 있습니다. 이대로라면 다섯 명은 전차에 치이고 맙니다. 이때 당신은 선로를 전환할 수 있는 선로 전환기의 스위치 근처에 있습니다. 당신이 스위치를 누르면 전차의 진로가 바뀌어 다섯 명은 살 수 있습니다. 그러나 전환한 선로의 앞에도 한 명의 인부가 작업을 하고 있어서 그쪽으로 전차가 가면 그 사람이 치이게 됩니다. 당신은 어떻게 하겠습니까? 스위치를 눌러서 한 사람을 희생시키고 다섯 명의 목숨을 구하겠습니까? 아니면 한 사람을 희생시키는 일은 할 수 없으니 다섯 명을 죽게 하겠습니까?

여기서 질문은 '다수의 사람을 구하기 위해서 소수의 사람을 희생시켜도 되는가?'입니다. 그것이 괜찮은지를 생각하기 위해서 이런 상황을 설정했습니다. 가끔 엉뚱한 대답을 하는 사람도 있지만(받침돌을 놓고 탈선시킨다든가), 트롤리 딜레마를 통해서 생각하고 싶은 것은 어떻게 하면 이 특정한 상황을 극복할 수 있는가가 아닙니다. 생각하고자 하는 것은 더 일반적인 논점으로, 다수의 사람을 구하기 위해 소수의 사람이 희생되어도 괜찮은가입니다.

또한 트롤리 딜레마 같은 일은 현실에서는 일어나지 않기 때문에 생각할 필요가 없다고 말하는 사람도 있습니다. 그러나 다수를 구하기 위해서 소수를 희생해도 괜찮은가의 문제는 전쟁이나 빈곤, 화재, 전염병 등에서 현실적인 문제가 됩니다. 트롤리 딜레마는 현실에서 닥칠 수 있는 문제를 핵심만 뽑아낸 것입니다.

몇 가지 더 보충하여 설정해봅시다. 우선 한쪽 선로에 있는 다섯 명도, 다른 선로에 있는 한 명도 모두 당신의 지인이 아니라고 합시다. 아는 사람이 있으면 구해주고 싶은 마음이 들기 때문입니다(미워하는 지인이라면 구해주고 싶지 않겠지만요). 그러나 여러 번 이야기했듯이 핵심은 다수를 위해 소수를 희생시켜도 괜찮은가입니다. 거기에 초점을 맞추기 위해서 모두 모르는 사람으로 합시다. 같은 이유로 성별이나 나이도 모두 같다고 합시다. 게다가 당신 주변에는 아무도 없는 것으로 가정합니다. 이로써 당신이 스위치를 전환한다고 해도 그 모습을 보고 충격받을 사람은 없습니다.

 이 내용을 바탕으로 이 시나리오에서는 어떻게 해야 하는지 생각해보세요. 결론이 정해졌다면 이번에는 다음 상황을 생각해봅시다.

육교 시나리오

 브레이크가 고장 난 노면 전차가 저쪽에서 달려옵니다. 그 선로 앞에는 전차가 오는 것도 모른 채 작업에 열중해 있는 다섯 명의 인부가 있습니다. 이대로라면 다섯 명은 열차와 부딪히게 됩니다. 여기까지는 앞의 내용과 같습니다. 그러나 이번에는 선로가 하나밖에 없습니다. 이때 당신은 육교 위에 있습니다. 그리고 옆에는 매우 큰 배낭을 멘 사람이 있습니다. 그 사람을 육교 위에서 밀어 떨어뜨려 전차에 부딪히게 하면 그 사람은 죽겠지만 전차는 멈추게 되어 다섯 명은 살 수 있게 됩니다. 당신이라면 어떻게 하겠습니까? 옆의 사람을 희생양으로 삼아 다섯 명을 구하겠습니까? 아니면 한 사람을 희생시킬 수 없어서 다섯 명을 죽게 내버려두겠습니까?

 마찬가지로 다른 등장인물은 당신이 모르는 사람이고

성별이나 나이도 모두 같다고 합시다. 당신 옆에는 배낭을 멘 사람밖에 없어서 그 사람을 밀어 떨어뜨려도 아무도 모릅니다. 게다가 당신이 육교 위에서 뛰어내려 전차에 부딪혀도 전차는 멈추지 않을 듯하지만, 옆 사람과 배낭은 전차를 멈추기 위해 그 크기가 충분하다고 합시다. 그래서 '이 사람이 부딪혀도 전차가 멈출 수 있을까?'라는 의문은 없는 것으로 합시다(이 부분을 신경 쓰는 사람이 많아서 일부러 이런 설정을 해둡니다). 마지막으로 당신이 그 사람에게 배낭을 받아서 가방을 메고 대신 떨어질 만큼의 시간은 없다고 합시다. 다섯 명을 구하기 위해서는 오직 그 사람을 떨어뜨리는 방법밖에 없습니다.

이 시나리오에서는 어떻게 해야 할까요? 또한 앞의 시나리오에 대한 판단과 이 시나리오에 대한 판단은 어떻게 다른가요? 이를 생각했다면 다음으로 넘어갑시다.

공리주의와
의무론 사이에서

사실 두 가지 시나리오로 많은 사람이 판단하는 정해진 패턴이 있습니다.

스위치 시나리오에서 선택에 쫓겼던 대부분의 사람은 스위치를 누르는 선택을 했습니다. 그렇게 선택한 이유로 "구할 수 있는 사람이 가능한 한 많은 편이 좋으니까"라고 흔히들 말합니다. 이런 생각은 전통적으로는 '공리주의'로 분류됩니다.

공리주의 이름은 고등학교 윤리 수업에도 나옵니다. '최대 다수의 최대 행복'이라는 말로 유명하지요. 공리주의에서 옳은 도덕적 판단은 결과적으로 행복을 가장 증가시키는 것으로 여겨집니다. 스위치 시나리오에서는 한 사람이 죽게 되는 행위(스위치를 누른다)와 다섯 명이 죽게 되는 행위(스위를 누르지 않는다) 중 어느 쪽인가가 선택됩니다. 결과적으로 행복이 크거나 손해가 적은 쪽은 당연히 한 사람이 죽게 되는 선택입니다.

만일 '구할 수 있는 사람이 많은 편이 좋다'는 이치를 철저히 따른다면 육교 시나리오에서도 옆 사람을 밀어 떨어뜨려 전차를 멈추고 다섯 명을 구하는 판단을 할 것입니다. 물론 그렇게 생각해서 육교 시나리오에서 한 사람을 밀어 떨어뜨린다고 대답하는 사람도 있습니다. 그러나 육교 시나리오에서는 옆 사람을 밀어 떨어뜨리지 않고 다섯 명을 죽게 내버려둔다고 답하는 경향이 많았습니다. 그 이유로는 '내 손으로 사람을 죽게 하고 싶지 않다'는 답이 많았습니다. 아무리 많은 사람을 살릴 수 있다고 하더라도 사람을 죽이는 일은 하고 싶지 않은 것이지요. 이런 이유로 스위치 시나리오에서도 아무것도 하지 않겠다고 답하는 사람이 있습니다.

이런 생각은 전통적으로는 '의무론'으로 분류됩니다. 의무론에 따르면 사람이라면 해야 할 일과 하면 안 되는 일이 있습니다. 인간으로서 의무가 있는 것입니다. 공리주의에서는 결과적으로 행복이 최대화되는 행위가 도덕적으로 올바른 판단으로 여겨지지만, 의무론에서는 결과가 중요하지 않습니다. 자신이 사람을 죽이는 판단은 결과가 어떻든 애초에 인정되지 않기 때문입니다.

공리주의와 의무론 중 어느 쪽이 옳은지는 20세기 이후 현재 도덕 철학과 윤리학의 중요한 주제 중 하나입니다. 전적으로 공리주의를 지지하는 사람과 전적으로 의무론을 지지하는 사람이 대립하는 일도 있는데, 트롤리 딜레마에 관한 대답을 보면 많은 사람이 양쪽의 생각을 모두 가진 듯합니다. 그리고 두 개의 시나리오는 각각의 입장을 지지하고 싶은 마음을 불러일으킵니다. 스위치 시나리오는 공리주의적인 사고를 일으키고, 육교 시나리오는 의무론적인 사고를 끄집어냅니다.

여기서 조금 아쉬운 이야기를 하겠습니다. 이 책은 공리주의와 의무론 중 어느 쪽이 옳은지 답을 찾는 것이 아닙니다. 두 가지 생각의 대립은 지금도 논의되고 있으며 어느 쪽이 옳은지 생각하기 위해서는 이 책보다 더 두껍게 써야 할 것입니다. 더구나 이 책의 주제는 도덕이 아닌 감정입니다. 따라서 주목하고자 하는 것은 도덕적 판단을 내릴 때 우리는 무엇을 생각하는가, 거기서 감정은 어떻게 관계하는가 입니다.

도덕적 판단에 감정이 얼마나 영향을 미칠까?

시나리오가 다르면 왜 판단이 바뀌는 걸까요? 이에 대해 몇 가지 설명이 있지만, 여기서는 그중 하나만 설명하고자 합니다. 아무래도 우리는 '의도된 결과'와 '예상은 했지만 의도되지 않은 결과'를 구분하는 것 같습니다.

작위와 부작위의 구별

스위치 시나리오에서는 자기가 스위치를 누르면 한 사람이 죽는 것을 예측할 수 있습니다. 그러나 한 사람이 죽는 것은 의도한 행위의 결과가 아닙니다. 의도한 행위는 다섯 명을 구하는 것이고, 한 사람이 죽는 것은 다섯 명을 구하기 위한 행위의 부차적인 결과일 뿐입니다.

이것은 만일 전환한 선로 앞에 아무도 없었더라면 누구

도 망설이지 않고 스위치를 누른다는 점에서도 알 수 있습니다. 스위치를 누르는 행위는 다섯 명을 구하기 위해 의도한 행위입니다. 그러나 스위치 시나리오에서는 전환한 선로 앞에 우연히 한 명의 사람이 있었기 때문에 그 한 사람은 죽게 되었습니다. 한 사람이 죽는 상황은 예상할 수는 있지만 의도한 행위는 아닙니다.

반면 육교 시나리오의 경우 다섯 명을 구하려면 한 사람은 반드시 죽게 됩니다. 한 사람이 전차에 부딪혀야 전차는 멈추기 때문입니다. 한 사람을 육교에서 밀어 떨어뜨리는 행위는 그 한 사람을 희생시키는 것을 의도한 행위입니다. 그 사람은 우연히 죽는 것이 아니라 의도적으로 살해되는 것이지요.

아마도 우리는 의도에 관한 핵심을 구별하고, 그 구별을 바탕으로 도덕적 판단을 내리는 것 같습니다. 스위치 시나리오에서 한 사람이 희생되는 것을 어쩔 수 없다고 판단하는 이유는 그 사람의 죽음은 우연한 일이라고 이해하기 때문입니다. 반면에 육교 시나리오에서 한 사람을 희생시킬 수 없다고 판단하는 이유는 그 사람이 의도적으로 죽임을 당한다고 이해하기 때문입니다.

이처럼 한 사람이 죽는다는 상황은 같아도 그것이 의도된 결과인지 의도되지 않은 부차적인 결과인지에 따라 도덕적으로 허용되는 정도가 바뀝니다. 이것을 '이중 효과의 원리principle of double effect'라고 합니다.

게다가 우리의 도덕적 판단에는 작위와 부작위의 구별도 관련하는 것 같습니다. 육교 시나리오에서는 자기가 행동을 일으켜서(작위적 행위) 사람을 죽일 정도라면 아무것도 하지 않고(부작위적 행위) 다섯 명을 죽게 내버려두는 편이 더 낫다고 생각합니다. 그러나 스위치 시나리오에서는 그 한 사람이 작위적으로 죽임을 당하는 것이 아니고, 다섯 명을 구하기 위해서라면 그 한 사람이 희생하는 것도 어쩔 수 없다고 판단합니다.

도덕적 판단의 근거와 감정

이중 효과의 원리, 작위와 부작위의 구별은 두 시나리오에서 왜 판단이 다른지 설명해줍니다. 따라서 아마도 우리는 이를 바탕으로 도덕적 판단을 내린다고 생각합니다.

그러나 당신이 이 원리들을 바탕으로 도덕적 판단을 내린다고 말해도 그것을 거의 자각하지 못할 것입니다. 애초에 여기서 설명한 구별은 어려워서 잘 알 수 없을지도 모릅니다. 아무래도 이런 원리는 스스로는 자각할 수 없는 무의식적인 영역에서 사용되고 있는 것 같습니다.

그럼 의식적인 영역에서는 어떨까요? 두 개의 시나리오에서 판단을 내릴 때 자각할 수 있는 것은 '사람을 밀어 떨어뜨리면 죄책감이 생긴다'는 이유가 아닐까요? 즉 감정에 근거해서 도덕적 판단을 내리는 것은 아닐까요? 긴 시간 동안 도덕 이야기를 했는데 드디어 감정으로 돌아왔습니다. 그리고 이것은 앞서 이야기한 이중 과정 이론과 관련됩니다(참고로 이중 효과의 원리와 이중 과정 이론은 '이중'이라는 용어가 공통되지만, 서로 직접적인 영향 관계가 있지는 않습니다).

두 개의 마음 시스템과 도덕적 판단

앞서 말했지만 이중 과정 이론에서는 인간에게 시스템 1과 시스템 2라는 두 개의 마음 시스템이 있다고 말합니다. 시스템 1은 감정에 대응해 의식적인 노력 없이 빠르고 자동적으로 작동합니다. 이에 반해 시스템 2는 의식적인 노력이 필요하고 시간도 걸리는데 그만큼 정교하고 세밀한 사고의 작용입니다. 사실 이런 시스템의 차이로 트롤리 딜레마의 도덕적 판단도 설명할 수 있다고 말하기도 합니다.

트롤리 딜레마를 생각할 때의 뇌 상태를 조사한 연구가 있습니다. 그 연구에 따르면 육교 시나리오를 생각할 때는 감정과 관련한 영역(이전에 설명한 복부내측전전두피질의 일부나 편도체 등)의 활동이 활발해진다고 합니다.

그렇다면 육교 시나리오를 생각할 때는 시스템 1이 사용된다고 생각할 수 있지 않을까요? 육교 시나리오에서는 자신이 의도적으로 사람을 죽인다고 느끼고 그것이 부정적인 감정을 만들어냅니다. 그래서 옆 사람을 밀어 떨어뜨리는 행위는 잘못됐다고 판단하게 되지요.

또한 의도적으로 사람을 죽이게 되는 것과 의도적이지 않게 부차적으로 사람을 죽이게 되는 것의 차이는 명확하게 이해되지 않을 수 있다고 말했는데, 그 이유는 이런 차이가 시스템 1에 의해서 인식되기 때문입니다. 시스템 1은 자동적으로 작동하므로 어떤 구조로 판단하는지 자신도 잘 이해할 수 없습니다.

더욱이 육교 시나리오에서 사람을 밀어 떨어뜨리는 것을 선택하는 경우와 밀어 떨어뜨리지 않는 것을 선택하는 경우에 따라 대답하는 시간의 차이도 있었습니다. 밀어 떨어뜨린다고 답하는 경우가 조금 더 시간이 걸렸습니다. 이 점 역시 이중 과정 이론으로 설명할 수 있습니다.

시스템 1은 재빠르게 작동합니다. 따라서 밀어 떨어뜨려서는 안 된다고 대답한 사람은 시스템 1에서 빠르게 발생한 감정을 바탕으로 판단했다고 생각합니다. 반면에 밀어 떨어뜨린다고 답한 사람은 '잘 생각해보면 구할 수 있는 사람이 많은 편이 좋은 것이다'라고 시스템 2를 작동시켜 시간을 들여 판단한 것입니다. 또한 자동으로 작동하는 시스템 1의 반응('떨어뜨려서는 안 돼!'라고 호소하는 감정)을 억누르면서 시스템 2를 작동시켜야 합니다. 그래서 답하는 데 시간이 걸렸다고 볼 수 있습니다.

도덕이 감정에 관여한다면

　이제 공리주의와 의무론으로 되돌아가 봅시다. 지금까지 한 이야기를 보면 공리주의와 의무론의 대립은 두 마음 시스템의 대립으로 볼 수 있습니다. 공리주의는 시스템 2에, 의무론은 시스템 1에 근거한다고 이해할 수 있습니다.

　공리주의와 의무론 중 어느 쪽이 옳은지는 의견이 분분합니다. 어느 쪽이 옳은지를 생각할 때는 마음의 과학을 참조해야 합니다. 예를 들어 이중 과정 이론에서 공리주의를 옹호할 때는 다음과 같이 말하곤 합니다. "시스템 1은 인간이 지금까지 진화해 온 과거의 환경에서는 도움이 되었지만, 복잡한 사회적 관계를 인식할 때는 시스템 1이 아닌 시스템 2가 적합하다. 그리고 복잡한 사회적 관계는 도덕에도 당연히 관여하고 있다. 그렇다면 여기에 어울리는 도덕 이론은 시스템 2에 적합한 공리주의다." 한편 이에 대한 반론으로 시스템 1도 사회적 관계에 맞게 조정할 수 있으니 시스템 1에 적합한 의무론도 부적절하지 않다고 말하기도 합니다.

　이처럼 공리주의와 의무론의 대립은 도덕 철학이나 윤리학만이 아니라 마음의 과학 연구와도 관련이 있습니다. 지금까지는 감정의 철학이 마음의 과학에 강한 영향을 받는다고 말했지만, 도덕이 감정에 관여한다면 도덕 연구 역시 마음의 과학을 무시할 수 없을 것입니다.

Philosophy of Emotion

12강

공포를 일부러 추구하는
모순된 감정

우리는 분노나 슬픔, 공포와 같은 부적 감정을 될 수 있으면 피하고 싶어 합니다. 부적 감정을 전혀 경험하지 않고 평생을 살아가는 일은 불가능하겠지만 살면서 적게 느낄수록 좋겠지요.

그런데 우리는 가끔 부적 감정을 원하는 듯합니다. 무서울 텐데 귀신이 자주 출몰하는 장소에 가거나, 화가 치밀어 오를 줄 알면서 인터넷에서 악성 댓글이 쇄도하는 글을 읽거나, 슬퍼질 것 같은데 슬픈 노래를 들은 적은 없나요?

이처럼 싫어하면서도 원하게 되는 '모순된 감정'은 도대체 어떤 구조로 이루어져 있는 걸까요? 이번 강의는 이 주제로 이야기하려고 합니다.

첫째, 그 모순된 감정이 무엇인지 규정해 봅니다.
둘째, 이 모순을 해결하기 위한 이론으로 소거법과 보상설을
      소개합니다.

부적 감정의 역설

하기 싫지만 하고 싶은?

피하고 싶은 부적 감정을 추구하는 것은 왜일까요? 이 문제를 '부적 감정의 역설'이라고 합니다. 역설을 만드는 일과 부적 감정이 조합된 것이 몇 가지 있습니다. 공포를 느낄 듯한데 일부러 찾는 것으로는 심령 스폿, 공포 영화, 스카이다이빙, 번지점프 등이 있습니다. 슬픔의 경우에는 비극이나 슬픈 음악을 들 수 있습니다. 분노의 경우에는 인터넷의 자극적인 글이 해당하지요.

공포 영화나 비극 등은 허구라는 논점이 더해지기에 이야기가 조금 어려워집니다. 허구에서는 '지어낸 이야기를 정말로 무서워하는가(슬퍼하는가)'라는 문제가 발생하기 때문입니다.

먼저 번지점프, 슬픈 음악, 악성 댓글이 쇄도하는 자극적인 글 등 허구가 아닌 것에 대한 예를 들어 이야기하겠습니다. 허구와 관련한 예는 마지막에 조금 이야기하고 다음 강의 때 더 자세하게 살펴보겠습니다.

그러면 부적 감정의 역설에서 무엇이 어떻게 모순인지를 이해하기 위해서 역설을 몇 가지 주장으로 나눠보겠습니다. 예를 들어 번지점프의 공포는 이렇습니다.

① 번지점프는 공포를 일으킨다.
② 공포는 부적 감정이다.
③ 부적 감정은 피하고 싶은 감정이다.
④ 번지점프는 피하고 싶다(①, ②, ③의 이유로).
⑤ 번지점프를 자진해서 하는 사람은 나름 있다(사실).
⑥ ④와 ⑤는 모순이다.

순서대로 설명해보겠습니다. 우선 ①은 옳다고 생각합니다. 번지점프는 매우 높은 곳에서 떨어지는 놀이기구입니다. 애초에 높은 곳에 서는 일 자체도 무서운데 거기서 뛰어내리는 일은 참을 수 없을 만큼 무섭지 않을까요?
②도 옳은 것 같습니다. 공포는 일반적으로 분노나 슬픔처럼 부적 감정으로 분류됩니다. 공포가 기쁨이나 즐거움 같은 정적 감정으로 분류되는 일은 일단 없을 것입니다.
③은 5강에서 설명한 유인가를 떠올려봅시다. 분노, 슬픔, 공포라는 감정의 부정성은 그 감정의 원인이 되는 대상

과의 연결을 줄이라는 명령으로 이해할 수 있습니다. 뱀을 봤을 때 느끼는 공포의 부정성은 뱀에게서 떨어져 공포를 줄이라는 명령입니다(반대로 기쁨이나 즐거움의 긍정성은 그것을 환기한 원인과의 관계를 늘리라는 명령이지요).

그러므로 ①, ②, ③은 모두 옳습니다. 그리고 ①, ②, ③을 취합하면 ④가 도출됩니다. '피하고 싶은 부적 감정인 공포를 일으키는 번지점프는 피하고 싶다'가 되는 것이지요.

그러나 실제로 ⑤처럼 번지점프를 자진해서 하는 사람은 나름 있습니다. 어떤 사정으로 나중에는 물러설 수 없게 되어 어쩔 수 없이 하는 사람도 있지만, 여기서는 스스로 자진해서 하는 사람을 주목합시다. 적어도 곳곳의 번지점프 업체에서 안정된 이익이 생기는 이유는 돈을 내면서까지 하고 싶어 하는 사람이 있기 때문일 것입니다.

그런데 여기서 모순이 발생합니다(⑥). ④는 번지점프를 피하고 싶다고 하는데, ⑤는 번지점프를 하고 싶은 사람이 나름 있다고 합니다.

'번지점프'를 '스카이다이빙', '롤러코스터'로 바꿔도 같은 역설이 만들어집니다. 게다가 '번지점프'를 '자극적인 글'로, '공포'를 '분노'로 바꾸면 분노 버전의 역설이 만들어집니다. 마찬가지로 '슬픈 음악'과 '슬픔'으로 슬픔 버전도 만들 수 있습니다.

역설을 해결하는 방법

　이 역설을 해결하려면 어떻게 해야 하는지 생각해봅시다. ④와 ⑤는 모순되므로 어느 쪽인가는 틀렸다고 봐야 합니다. 그러나 ⑤는 사실이므로 부정할 수 없습니다. 번지점프를 자진해서 하는 사람이 나름 있다는 것은 사실이니까요. 그렇다면 ④가 틀렸다고 생각할 수밖에 없습니다.
　④는 ①, ②, ③을 취합하여 도출한 주장입니다. 그래서 ④가 틀렸다면 ④의 근거가 되는 ①, ②, ③ 중 어느 것이 잘못되었다고 생각할 수 있습니다. ①, ②, ③은 모두 단독으로 봤을 때는 옳은 듯이 보이지만 사실은 어느 주장인가가 잘못되었습니다.
　이제 해결 방법을 세 가지로 좁힐 수 있습니다. ①, ②, ③ 중 어느 하나를 부정할 수 있다면 잘못된 ④를 도출하지 않아도 되고, 이로 인해 ⑥의 모순을 피할 수 있습니다.
　그러면 지금부터 역설을 만드는 일의 의의도 설명하겠습니다. 부적 감정의 역설은 한마디로 말하면 "무서운데 왜 원하는 거지?"라고 할 수 있습니다. 하지만 그렇게 말하면 문제가 막연해지기에 어디부터 손을 대면 좋을지 알 수가 없습니다. 그러나 앞서 말했듯이 역설을 정식화하여 ①, ②, ③ 중 어느 하나를 부정하면 해결된다는 점이 명확해집니다. 따라서 역설의 정식화는 해답의 방향을 찾기 위한 것이라고 할 수 있습니다.

철학에는 '무언가의 역설'이라는 것이 자주 등장합니다. 철학에서는 일반적으로 당연하게 여기는 것을 다시 생각해보는 일이 자주 있는데, 그 고찰을 위해 역설은 안성맞춤입니다. 역설을 만들면 당연히 옳다고 생각되던 것이 사실은 틀렸다는 점을 확실히 이해할 수 있습니다.

무엇을 부정하면 될까?

그러면 ①, ②, ③ 중 어느 것을 부정하면 좋을까요? 여기서도 주의해야 할 점이 있습니다. 얼핏 보면 모두 옳은 명제 같다는 것입니다. 그리고 올바른 주장을 부정하려면 나름의 이유가 필요합니다. 옳은 듯한 주장을 마구잡이로 부정해도 아무도 들어주지 않겠지요.

부정하는 것은 하나로 충분하다는 점도 주의합시다. ①, ②, ③ 중 둘 이상이 틀리기 때문에 ④가 틀릴 수도 있습니다. 그러나 하나라도 충분하니 무턱대고 여러 가지를 부정하지 않아도 됩니다.

셋 중 무엇을 부정하겠냐고 물으니 사람들이 많이 고른 것은 ①이었습니다. 구체적인 이유는 조금 뒤에 설명하도록 하고, 지금은 ②나 ③을 부정하는 것이 왜 어려운지를 설명하겠습니다.

'② 공포는 부적 감정이다'를 부정하면 공포가 정적 감정이라고 주장하게 됩니다. 아무리 그래도 공포가 정적 감정이라는 점은 믿을 수 없기에 이 명제를 지지하는 사람은 번지점프를 할 때만 공포가 정적 감정이 된다고 주장하게 되겠지요. 그리고 번지점프는 그럴 만한 스릴이 있으니 그때의 공포는 정적 감정이라고 말하면 됩니다.

　이 주장을 취할 수 없는 것은 아니지만, 공포의 대상이 무엇인지를 생각하면 조금 부적절하게 여겨집니다. 공포는 자신에게 다가오는 위험을 인식하는 감정입니다. 그리고 감정의 긍정성은 그 감정이 발생하는 원인과의 관계를 늘리라는 요구를 합니다. 그렇다면 정ᵖ의 공포는 위험하다고 인지하면서 그것과의 관계를 늘리라고 요구하는 알 수 없는 감정이 됩니다. 이런 감정이 갖추어져 있다면 우리는 잘 살아남지 못할 것 같습니다.

　'③ 부적 감정은 피하고 싶은 감정이다'를 부정하는 것은 어떨까요? 즉 부적 감정은 피하고 싶은 감정이 아니라고 주장하는 것입니다. 그러나 이것도 옳다고 말하기 어렵습니다. ③을 부정하면 '정적 감정은 늘리고 싶고, 부적 감정은 줄이고 싶은 것'이라는 해석의 틀을 포기해야 합니다. 그러면 '감정의 정이나 부ᵠ는 도대체 무엇인가'라는 문제가 새롭게 떠오릅니다. 이 문제에 답하기 위해서는 번지점프를 할 때의 공포뿐만 아니라 모든 공포, 슬픔이나 분노 같은 다른 부적 감정들, 그리고 기쁨이나 즐거움이라는 정적 감정에 대해서까지도 다시 생각할 필요가 생겨 꽤 많은 수정이 필요해집니다.

　이런 사정을 보면 ①을 부정하는 편이 낫겠다는 생각이 들 것입니다. 그렇다면 이제 ①을 부정하는 두 가지 주장을 알아봅시다.

소거법:
사실은 무섭지 않다

번지점프가 무섭지 않은 사람도 있다

소거법消去法은 앞글의 '① 번지점프는 공포를 일으킨다'를 직접적으로 부정합니다. 번지점프를 해도 공포는 발생하지 않는다는 것입니다.

왜 무섭지 않은 걸까요? 번지점프는 안전하기 때문입니다. 당연한 말이겠지만 번지점프에는 생명줄이 달려 있습니다. 물론 그렇다고 번지점프에서 전혀 사고가 일어나지 않는 것은 아닙니다. 아주 드물 뿐이지요. 적어도 매일 어딘가에서 사고가 발생하는 자동차와 비교하면 꽤 안전한 편입니다.

번지점프를 하는 사람 역시 번지점프가 안전하다는 확신이 있기에 뛰어내릴 수 있지 않을까요? 아마 조금이라도 불안하다면 뛰어내리지 않을 것입니다. 물론 준비가 되어도 좀처럼 뛰어내리지 못하는 사람도 있습니다. 그 사람은 번지점프가 아직 안전하다는 확신이 없어서일 것입니다. 머리로는 안전하다고 생각하는데 감정에 의해 안전성이 인식되지 않은 것입니다. 그것을 인식하기까지 시간이 걸릴 수도 있지만, 확실히 인지되면 뛰어내릴 것입니다.

이처럼 번지점프는 실제로 안전하고, 번지점프를 하는 사람도 안전한 스포츠라고 알고 있습니다. 그렇다면 번지점프를 할 때 공포는 발생하지 않는다고 생각할 수 있지 않을까요?

공포가 없을 뿐만 아니라 번지점프에는 긍정적인 면이 있습니다. 번지점프를 하면 일상에서 맛볼 수 없는 광경을 보거나 매우 빠른 속도로 떨어지는 것처럼 평소라면 경험할 수 없는 신체 감각을 느낄 수 있습니다. 이런 비일상적인 경험은 기쁨이나 흥분이라는 정적 감정을 발생시킵니다. 따라서 번지점프를 자진해서 하는 사람이 있는 것입니다.

정리하면 번지점프는 공포를 일으키지 않고 정적 감정만 가져온다는 말입니다. 그렇다고 할지라도 여전히 번지점프는 무서운 것으로 생각하는 사람도 있겠지요. 그 사람은 다음 글에서 다루는 보상설이 더 설득력이 있게 느껴질 수도 있습니다. 우선 보상설을 말하기 전에 소거법이 잘 해당하는 예를 살펴보겠습니다. 바로 음악입니다.

슬픈 음악을 들을 때 슬퍼지는 이유

　슬픈 선율을 들으면 슬퍼진다고들 종종 말합니다. 즉 슬픈 선율은 듣는 사람을 슬프게 하는 멜로디라고 생각됩니다. 그런데도 왜 듣는가 하는 점이 역설을 만들어내는 셈입니다. 그러나 슬픔이 어떤 감정인지에 주목해보면 '슬픈 선율은 슬픔을 불러일으키는 멜로디'라는 생각이 의문스럽습니다.

　슬퍼지는 경우는 지갑을 떨어뜨리거나, 기르던 애완동물이 죽거나, 사랑하는 연인과 이별하는 등 자신이 소중하게 여기는 것을 잃어버릴 때입니다. 즉 슬픔은 상실에 대한 반응입니다. 이에 비해 슬픈 선율을 듣는 경우는 어떤 상실도 없습니다. 그렇다면 슬픈 선율을 들었을 때 슬픔은 일어나지 않았다고 생각할 수 있습니다.

　어쩌면 슬픈 선율을 들을 때 '이 곡은 헤어진 여자친구가 좋아했었지…'라며 예전 기억이 떠올라 슬퍼지는 것일지도 모릅니다. 멜로디와 연결된 가사나 영화 장면이 슬픔을 유발하기도 하지요. 그러나 그때 슬픔을 불러일으키는 것은 멜로디와 연결된 가사나 이미지, 기억에 의한 것이지 멜로디 자체는 아닙니다.

　그렇다면 슬픈 선율 자체가 가지는 슬픔은 무엇일까요? 음악과 관련한 철학이나 미학에서 슬픈 선율은 '슬픔을 품은 사람의 행동과 비슷한 특징을 지닌 멜로디'라는 생각이 일반적입니다.

알기 쉬운 것은 말투입니다. 예를 들어 슬픔을 가진 사람의 말투는 느리고 성량이 크지 않으며, 전체적으로 음높이가 낮고 음높이의 변화(억양)도 적습니다. 이와 마찬가지로 슬픈 멜로디도 음량이 크지 않고 전체적인 음정이 낮으며 음높이의 변화도 적습니다.

여기서 중요한 사실은 인간은 다양한 것을 쉽게 의인화한다는 점입니다. 예를 들어 ∴ 처럼 점이 세 개 배치되어 있으면 사람의 얼굴처럼 보입니다. 우리는 이런 세 점에서 사람의 눈과 입의 배치와 공통된 점을 발견합니다. 이것을 '시뮬라크르simulacre 현상'(세 개의 점이나 선이 모인 무늬나 물체가 사람의 얼굴처럼 보이는 뇌의 작용─옮긴이)이라고 합니다. 또한 버드나무 가지가 처져 있는 모양은 '슬퍼' 보입니다. 버드나무 자체가 슬픔을 품고 있지는 않지만, 우리는 버드나무를 보면서 슬퍼하는 사람이 어깨를 축 늘어뜨린 모습과 유사하다고 생각합니다.

이것은 음악에도 해당합니다. 어떤 멜로디를 들었을 때 '슬픈 선율이네'라고 생각하는 것은 그 멜로디에서 슬픔을 품고 있는 사람의 행동과 공통된 점을 듣기 때문입니다. 그리고 그것을 듣기 위해서 자신이 슬퍼질 필요는 없습니다.

마찬가지로 '신나는 선율이네'라고 판단하기 위해서 즐거워질 필요도 없습니다. 자신이 싫어하는 곡을 들으면 싫은 기분이 들지라도, 그것을 슬픈 선율이나 무서운 선율이 아닌 신나는 선율이라고 판단할 수 있습니다. 신나는 선율은 즐거운 사람의 말투와 비슷하여 박자가 빠르고 음량은 크며, 전체적으로 음높이가 높고 자주 변합니다.

여기서 '슬픈 선율을 들어서 슬퍼지는 것이 아니라면 도대체 어떤 감정이 생겨날까?'라는 의문이 생길 수도 있습니다. 이에 대한 대답은 다음과 같습니다. 슬픈 선율이라도 무서운 선율이라도 그것이 예술적이거나 음악적으로 훌륭하다면 들으면서 즐거움이나 만족감, 기쁨과 같은 정적 감정이 발생할 것입니다. 반대로 서툴거나 실수가 있다면 신나는 선율이라도 실망 같은 부적 감정이 발생합니다. 선율이 즐거운가 슬픈가 하는 것과 듣는 사람이 즐거운가 슬픈가는 다릅니다.

보상설:
공포와 기쁨을 동시에 느낀다

다음으로 보상설을 알아봅시다. 이 입장은 소거법과 달리 번지점프로 공포가 생겨난다고 여깁니다. 그러나 동시에 공포를 넘어서는(보상하는) 긍정적인 감정이 있다고 주장합니다.

우선 보상설에서는 ①을 '번지점프는 공포**만**을 일으킨다'고 바꿔 읽을 수 있습니다. 사실 쓰여 있지 않았지만 ①에는 '만'이라는 단어가 몰래 포함되어 있었던 것입니다. 게다가 ①을 부정하면 '번지점프는 공포만을 일으키는 것은 아니다'라는 말이 되지요. 즉 다른 감정도 생긴다는 의미입니다. 그 다른 감정이 공포를 넘어서는 것이기 때문에 자진해서 번지점프를 하는 사람이 있다고 주장하는 것입니다.

그러면 다른 감정이란 무엇일까요? 이에 대해서는 소거법의 설명과 같습니다. 막상 날았을 때 평상시에는 좀처럼 느끼지 못한 경험으로 인한 기쁨이나 흥분을 얻을 수 있습니다. 그러나 공포는 전혀 일어나지 않는다고 주장하는 소거법과 달리 보상설에서는 이때 공포와 기쁨이 혼재한다고 주장합니다.

악성 댓글이 쇄도하는 글을 읽는 이유

인터넷에서 악성 댓글이 쇄도하는 글을 읽고 분노하는 경우를 생각해봅시다. 거드름 피우는 유명 인사의 블로그나, 범죄에 해당하는 행위를 과시하는 유튜브나, 악성 댓글을 이용해 마케팅을 하려는 글은 사람을 화나게 하면서도 동시에 많은 사람의 관심을 끕니다. 왜일까요?

어쩌면 인터넷을 비난과 비방의 댓글로 도배하는 사람들은 악성 댓글이 쇄도하는 글을 보고 분노를 느끼는 동시에 "이 녀석은 비상식적이니 혼 좀 나야 한다"라며 글을 쓴 사람을 처단하고 있는 것은 아닐까요? 그때 자신이 옳은 일을 하고 있다는 '고양감'을 느끼고 있는 듯이 보입니다. 비상식적인 글을 처단하는 자신이 글을 쓴 사람보다 인간으로서 우수하다는 '우월감'도 느낄 수도 있습니다. 게다가 '이 녀석은 비상식적이다'라고 써서 원래의 글을 퍼트리면 자신에게는 그 글을 비난할 수 있는 '상식'이 있다고 다른 사람에게 어필하게 되기도 합니다. 특정 사람을 나쁜 녀석이라고 단죄하여 다 같이 비난하면 다른 사람들과의 '연대감'도 생겨납니다.

이처럼 인터넷에서 악성 댓글을 올려 글을 비난하는 사람은 분노뿐만 아니라 몇 가지 정적 감정을 경험하게 됩니다. 그런 정적 감정이 분노를 넘어서기에 일부러 악성 댓글이 쇄도하는 글을 읽지 않을까요?

SNS는 분노나 증오를 증폭시키는 구조가 있다고 흔히들 말합니다. 아마도 정적 감정을 얻기 쉬운 수단이기 때문일 것입니다. 눈앞의 사람에게 직접 불만을 말하는 일은 어렵지만, 얼굴이 보이지 않는 상대방에게 비난이나 비방의 말을 적는 일은 매우 간단합니다. 이로 인해 정의감을 내세우는 고양감이나 자신이 더 뛰어나다는 우월감을 손쉽게 얻을 수 있습니다. 자신과 같은 의견을 가진 사람으로 팔로워를 확보해 두면 자신이 상식적인 사람이라고 어필하는 것도, 연대감을 얻는 일도 쉽습니다.

소거법과 보상설 중 어느 쪽이 옳은가 하는 문제

지금까지 소거법과 보상설을 알아봤습니다. 그러면 어떤 주장이 더 옳을까요? 어쩌면 어느 쪽도 옳지 않은 주장일지 모릅니다.

번지점프에 그렇게 익숙하지 않은 사람은 보상설이 주장했듯이 공포를 느끼면서도 그것을 보상해주는 긍정적인 경험이 있기에 뛰어내릴 가능성이 있습니다. 그러나 소거법이 말했듯이 여러 번 뛰어내리면서 전혀 공포를 느끼지 않게 되고 기쁨이나 즐거움만을 경험하게 될 수 있습니다. 즉 경험이 쌓일수록 보상설이 주장하는 감정 상태에서 소거법이 말하는 감정 상태로 단계적으로 옮겨갑니다.

그러면 소거법과 보상설은 어느 한쪽만 옳다고 하는 것은 아닐지도 모릅니다. 어떤 상황은 소거법이 잘 설명할 수 있고, 다른 상황은 보상설이 잘 설명할 수 있듯이, 상황이 다르면 거기에 맞는 설명도 달라질 수 있습니다.

왜 일부러
공포 영화를 보는 걸까?

　이제까지 번지점프나 음악, 인터넷의 자극적인 글 등 허구가 아닌 사례를 들어 살펴보았습니다. 하지만 공포물이나 비극 같은 허구에서도 부적 감정의 역설이 발생합니다. 왜 사람들은 비극이나 공포물을 감상해서 슬퍼지거나 무서워지려고 하는 걸까요? 이것도 보상설과 소거법으로 설명할 수 있습니다.

　먼저 보상설로 설명해보겠습니다. 유명한 예로, 아리스토텔레스가 《시학》에서 이야기한 '카타르시스'가 있습니다. 비극을 감상하면 슬퍼지는데 그 슬픔은 쌓여 있던 부정적인 것을 씻어 없애준다고 합니다. 그 정화작용은 긍정적인 기능이기에 사람은 스스로 비극을 감상한다는 것입니다.

　비극을 감상함으로써 중요한 교훈을 얻을 수 있다고 생각하는 사람도 있습니다. 비극에는 비참한 일을 당하는 사람이 등장하는데 그 사람이 자업자득으로 비참한 일을 당할 경우 '저런 일을 하니까 벌을 받는 거야'라고 생각하게 됩니다. 그때 '난 저런 일은 하지 않을 거야'라고 마음먹을 수 있을 것 같습니다. 또는 누군가를 괴롭히는 나쁜 사람이 나오면 '사람이라면 이런 나쁜 짓은 하면 안 돼'라고 생각합니다. 이런 교훈은 살아가는 데 있어서 중요한 것이지요. 비극은 이렇게 그것을 알 수 있는 교재가 됩니다.

또 다른 설명으로, 공포물을 감상하여 공포를 느끼거나, 비극을 감상하여 슬픔을 느끼거나 하는 편이 보다 작품에 몰입할 수 있다고 말하기도 합니다. 부적 감정을 경험하면 작품을 더 잘 감상할 수 있는 긍정적인 경험을 얻는다는 것이지요.

미학자 노엘 캐럴은 공포물의 호기심에 주목했습니다. 공포물의 처음에는 정체불명의 존재에게 습격당하는 일이 많이 나옵니다. 감상자는 작품에 묘사된 비참한 장면에 공포를 느끼지만, 동시에 그 존재는 도대체 누구일까 하는 궁금증도 품게 됩니다. 그리고 내용이 전개되면서 그동안 수수께끼였던 존재의 정체가 밝혀지지요. 캐럴은 이런 추리의 쾌감이 사람을 공포물로 이끄는 이유라고 보았습니다. 그리고 호기심이 충족된 쾌감이 공포보다 크기 때문에 공포물을 보는 것입니다.

지금까지 이야기한 보상설은 나름 그럴듯하지 않나요? 그러나 소거법을 지지하고 싶은 이유도 있습니다. 공포물이나 비극이 허구라는 점 때문입니다. 공포물도 비극도 꾸며

낸 이야기이고 현실에서 일어난 일이 아니므로 그것을 감상해도 공포나 슬픔은 생기지 않는다고 생각하는 것이지요.

다음 강의에서 이 점을 더욱 자세하게 살펴봅시다.

Philosophy of Emotion

13강

허구를 느끼는 감정

공포물을 감상하면 무섭습니다. 영화 〈에이리언〉을 보면 에이리언에게 공포심을 갖게 됩니다. 〈링〉이라는 영화를 보면 사다코가 무섭게 느껴집니다. 그러나 에이리언이나 사다코는 허구 캐릭터로 현실에는 존재하지 않습니다. 그렇다면 우리는 왜 현실에 존재하지 않는 것을 무서워하는 걸까요?

실화를 바탕으로 한 공포물이나 괴담의 경우에는 그 이야기에 등장하는 위험한 캐릭터가 실제로 존재한다고 생각해서 그 캐릭터에게 두려움을 느낄 수 있습니다. 그러나 전부 허구로 만들어진 공포물의 캐릭터는 존재하지 않는 것이 분명합니다. 그러면 뻔히 아는 사실인데도 왜 무서울까요?

이번 강의에서는 다음을 살펴봅니다.

첫째, 허구의 문제를 역설의 형태로 이야기해봅니다.
둘째, 역설을 풀기 위한 세 가지 입장인 착각설, 역할놀이설, 사고설을 소개합니다.
셋째, 이전 강의의 역설과 이번 강의의 역설을 취합하여 공포물 감상에 대해 생각해봅니다.

허구의 역설

공포물을 보는 감정의 역설

이전 강의와 마찬가지로 허구의 경우를 역설로 설명해 보겠습니다. 부적 감정의 역설은 얼핏 보면 옳게 보이는 몇 가지 주장에서 최종적으로 모순이 나온다는 것이었습니다. 이에 비해 허구의 역설은 언뜻 보면 옳은 듯한 다음의 세 가지 주장이 모두 동시에 성립할 수가 없다는 것입니다.

① 공포물을 감상하면 거기에 묘사된 일에 대해 공포가 생긴다.
② 감상자는 자신이 감상하는 작품이 허구이며, 거기서 일어난 일은 현실이 아니라고 확신한다.
③ 감정을 가지기 위해서는 그 감정의 대상이 현실에 존재한다고 믿어야 한다.

①이 말하는 것은 공포물을 감상하면 거기에 등장하는 괴물이나 일어나는 사건에 공포를 느낀다는 것입니다. 이것은 당연한 일이지요.

　②도 그다지 의문은 없어 보입니다. 〈에이리언〉이나 〈링〉을 다큐멘터리로 생각하고 보는 사람은 좀처럼 없습니다. 감상자는 거기에 등장하는 캐릭터가 실제로 존재하지 않고 그들이 일으키는 사건도 존재하지 않는다고 이해하고 있습니다.

　③은 공포물이 아니라 감정의 일반적인 성질에 관한 주장입니다. 조금 더 자세하게 설명하겠습니다.

　눈앞의 뱀을 보고 무서워하는 장면을 떠올려봅시다. 뱀을 무서워하는 사람은 뱀이 실제로 눈앞에 있다고 믿고 있습니다. 이때 실제로 뱀은 없고 그 사람이 뱀의 환각을 보고 있거나 끈을 뱀으로 잘못 봤다고 합시다. 그래도 자신은 환각이나 착각을 눈치채지 못한 채 정말로 뱀이 있다고 잘못 믿고 있습니다. 그렇기에 공포를 느끼는 것입니다. 실제로 뱀이 없다고 생각하면서 공포를 느낄 수는 없겠지요. 공포를 느끼려면 적어도 당사자는 정말로 뱀이 있다고 믿어야 합니다.

　이와 같이 ①, ②, ③은 하나씩 단독으로 보면 모두 옳은 주장처럼 보입니다. 그러나 모든 주장이 동시에 성립하지는 않습니다.

　먼저 ①과 ②가 옳다고 합시다. 감상자는 공포 영화에

나오는 괴물에 공포를 느끼지만, 동시에 그 괴물이 현실에 존재하지 않는 것도 압니다. 그렇다면 현실에 존재하지 않는다고 알고 있는 괴물을 무서워하는 것이 되어 ③의 주장이 부정됩니다.

다음으로 ①과 ③의 주장이 옳다고 합시다. 감상자는 괴물에게 공포를 느끼는데, 공포를 느끼려면 그 대상이 현실에 존재한다고 믿어야만 합니다. 그렇다면 감상자는 괴물이 현실에 존재한다고 믿는 것이 되어 ②가 부정됩니다.

마지막으로 ②와 ③이 옳다고 합시다. 감상자는 괴물이 현실에 존재한다고 믿지만, 존재하지 않는다고 믿는 것에 공포를 느낄 수는 없습니다. 그렇다면 감상자는 괴물을 무서워하는 것이 불가능하여 ①의 주장이 부정됩니다.

이처럼 ①, ②, ③이 모두 동시에 성립되지 않습니다. 어느 하나는 틀렸다고 봐야 합니다. 무엇이 틀렸을까요?

공포의 유사 체험

여기서 잠깐 '공포의 유사 체험'이라는 표현을 설명하겠습니다. 공포물 감상에 관한 책에서는 '공포물의 무서움은 유사 체험'이라는 말을 많이 합니다.

그러나 유사 체험이라고 할지라도 수수께끼가 풀리는 것은 아닙니다. ①, ②, ③ 중 어느 것을 부정할 때도 뭔가 유사 체험이라고 말할 수 있기 때문입니다.

①을 부정하는 경우, 이렇게 말할 수 있습니다. 공포물을 감상하는 사람은 진짜 공포를 느끼는 것이 아닙니다. 하지만 감상자 자신은 자신이 공포를 느낀다고 생각합니다. 그때 감상자는 진짜가 아닌 공포와 비슷한 유사 체험을 하고 있기에 자신이 공포를 느낀다고 생각하는 것이지요.

②를 부정하는 경우, 이렇게 말할 수 있습니다. 감상자는 공포물에 등장하는 장면을 현실이라고 믿고 있습니다. 그래서 공포를 느끼는 것인데 그 공포는 착각을 기초로 합니다. 그런 오류가 있다는 의미로 이때의 공포는 진짜가 아니라 유사 체험이라고 말할 수 있습니다.

③을 부정하는 경우는 다음과 같습니다. 보통 공포는 그 대상이 현실에 존재한다고 믿어야만 합니다. 이에 반해 공포물은 대상이 현실에 없는 것을 알아도 공포를 일으키는 어떤 구조가 있습니다. 그래서 공포물을 감상할 때의 공포는 평상시의 공포와는 다른 구조에서 발생합니다. 그 점에서 유사 체험이라고 말할 수 있습니다.

정리하자면 '뭔가 예사롭지 않은 일이 일어난' 점이 있으면 유사 체험이라고 할 수 있습니다. 그래서 유사 체험이라는 말을 쓰는 것만으로 역설은 특별히 해결되지 않습니다. 결국 ①, ②, ③ 중 무엇을 부정할지 생각해야 합니다.

그럼 무엇을 부정하면 좋을지 생각해봅시다.

착각설:
허구와 현실을 혼동한다

우선 ②를 부정하는 입장을 설명하겠습니다. 왜냐하면 그 주장은 성립할 수 없는 부분이 너무 많아서 거의 지지하는 사람이 없기 때문이지요. ②는 감상자가 자신이 보는 공포물이 허구라고 확신한다는 주장이었습니다. 그것을 부정하면 감상자는 허구를 현실로 착각하고 있는 셈입니다. 이것을 '착각설'이라고 부릅니다.

정말 착각할 수 있을까?

그런데 허구를 현실과 혼동하는 일이 정말로 있을 수 있을까요? 종종 "이 작품은 리얼이야"라고 말하지만, 그 말을 한 사람이 작품을 현실로 착각한 것은 아닙니다. 작품 속에서는 현실에 일어날 법하지 않은 다양한 연출을 볼 수 있기 때문입니다. 예를 들어 공포 영화에는 무서운 장면에 맞춰 공포 분위기를 내기 위한 음악이나 효과음이 흐르는데 실생활에서 그런 일은 일어나지 않습니다. 갑자기 장면이 바뀌거나 밤이 되는 일도 없지요.

'리얼하다'는 말은 오히려 자신에게도 일어날 것 같은 문제가 묘사되거나, 작품 속에서 묘사된 상황이 되면 자신도 등장인물처럼 행동할 것 같다는 의미가 아닐까요? 그러나 그렇다고 해서 영화에서 묘사된 상황과 현실을 착각하는 것은 아닙니다.

의도적인 착각

이때 이렇게 생각할 수도 있습니다. 확실히 작품 속에는 현실에는 없는 연출이 들어 있습니다. 그러나 감상자는 그 연출을 의도적으로 무시하고 나머지 부분만을 착각하는 것은 아닐까요?

이런 생각은 19세기 비평가 새뮤얼 테일러 콜리지가 말한 '불신의 자발적 유예'(허구를 진짜처럼 여기면서 몰입하는 것-옮긴이) 등이 유명합니다. 간단히 말하면 관객이 자기 스스로의 의지로 작품을 현실이라고 믿는다는 것입니다.

하지만 공포물을 볼 때 우리는 '이것을 현실이라고 믿자'고 마음먹을까요? 평소에 그런 행동은 하지 않는 것 같습니다. 덧붙이자면 애초에 무엇을 믿을지는 우리 스스로 정하는 것이 아닌 것 같습니다. 예를 들어 연인이 바람피우는 증거를 어느 정도 모으면 바람피운다는 사실을 믿지 않을 수가 없습니다. 증거가 갖추어지지 않은 단계에서는 '믿어보자'고 생각할 수도 있지만, 증거가 전부 있는데 아니라고 생각할 수는 없지 않나요?

공포물에는 현실에는 없는 것을 나타내는 여러 가지 증거가 있습니다. '연출'이 그렇습니다. 그런 증거가 많이 있는데 공포물을 현실이라고 착각하는 일은 꽤 어렵지요. 이런 이유로 의지의 힘으로 착각하는 것도 무리일 것 같습니다.

감상자의 행동

착각설에는 또 다른 문제가 있습니다. 감상자의 행동을 잘 설명할 수 없다는 점입니다. 만일 감상자가 작품을 현실이라고 착각하고 있다면 도망치거나 경찰에 신고했을 것입니다. 그러나 공포물을 감상하는 사람은 그런 행동을 하지 않습니다. 그래서 착각설은 관객이 실제로 취하는 행동과는 맞지 않는 주장입니다.

여기서 착각설을 지지하는 사람은 감상자가 어느 정도만 착각하고 있다고 답할지도 모르겠습니다. 즉 공포를 느낄 정도로 그것을 현실이라고 착각하지만, 도망칠 정도로는 현실로 착각하지 않는다는 것입니다.

그러나 그런 편리한 마음 상태가 존재할까요? 그런 마음의 상태는 착각설을 지지하기 위해 그저 존재한다고 우기는 것은 아닐까요? 즉 이 응답은 하나의 임시방편으로밖에 보이지 않습니다.

게다가 또 다른 문제도 있습니다. 만약 공포물을 현실이라고 착각한다면 오락으로 즐길 수 없을 것입니다. 공포물은 대중적인 오락물로 영화나 소설 순위에서 상위를 차지할 때도 있습니다. 여기서 추측할 수 있는 점은 공포물은 어떤 점에서 분명 즐거움을 주기에 매우 많은 사람이 본다는 점입니다.

공포물에서는 무서운 괴물이 나와서 등장인물이 비참한 일을 당하기도 합니다. 여기서 착각설이 말하는 것처럼 공포물을 착각하는 사람은 그것을 현실로 착각할 것입니다. 그러면 감상자는 비참한 사건이 실제로 일어났다고 믿게 되지요.

정리하면, 공포물을 보는 사람은 누군가가 비참한 일을 당하는 것을 보고 즐기는 것이 됩니다. 게다가 공포물이 인기 장르인 점을 생각한다면 누군가가 비참한 일을 당하는 것을 즐기는 사람이 꽤 많다는 얘기가 됩니다. 물론 타인의 불행을 즐기는 잔인한 성격의 사람이 있을지 모르겠습니다. 그러나 공포물이 높은 순위에 오를 정도로 많을까요?

공포물 감상은 욕구 충족을 위한 것?

이런 생각을 하는 사람도 있을 수 있습니다. 실제로 많은 사람은 타인이 비참한 일을 당하는 모습을 보고 싶어 하는 욕구가 있다는 거지요. 그러나 겉으로 그 욕구를 드러내면 위험한 사람으로 여겨지니 평소에는 숨깁니다. 그리고 공포물이 그 욕구를 충족시켜주는 수단이 되어주고, 그래서 많은 사람이 공포물을 본다는 얘기입니다.

그런데 그런 욕구는 공포물이 현실이 아니라고 이해할 때 더 만족할 수 있지 않을까요? 조금 다른 이야기지만, 격투기를 생각해봅시다. 격투기에서는 선수가 목숨을 잃지 않도록 엄밀한 규칙이 세워져 있습니다. 관람객은 그것을 알기에 시합을 즐기며 관람할 수 있는 것이 아닐까요? 정말로 서로 죽이려 한다고 생각했다면 실제로 보고 즐기기는 어려울 것 같습니다. 극히 드물게 선수가 시합 중에 목숨을 잃는 불행한 사고가 일어나기도 하지만 그 시합은 참혹해서 보기 힘들 것입니다.

공포물도 마찬가지라고 생각할 수 있습니다. 현실이 아니고 정말로 비참한 일을 당하는 사람은 없다고 확신할 수 있으니 즐길 수 있습니다.

이처럼 착각설에는 여러 가지 문제가 있습니다. '공포물을 현실로 착각한다'는 주장은 바로 생각날 만큼 알기 쉽지만 그만큼 부실하기에 금방 많은 문제를 맞닥뜨리게 됩니다.

역할놀이설:
무서운 척할 뿐이다

우리가 괴수 놀이를 하는 방식

다음으로 ①을 부정하는 입장을 살펴봅시다. ①은 공포물을 감상하면 공포가 생긴다는 주장입니다. 그것을 부정하는 것은 공포물을 감상하는 사람이 사실은 무서워하지 않는다는 것이 됩니다. 이런 입장으로 유명한 것이 미학자 켄달 월튼이 주장한 '역할놀이설'입니다. 공포물을 감상할 때 우리가 무서운 척을 한다는 것입니다.

역할놀이설에서는 허구에서 공포를 느끼는 것을 하나의 역할놀이로 인식했습니다. 이를 이해하기 위해서 다음과 같이 괴수 놀이를 하는 장면을 생각해봅시다. 거기서는 누군가 한 사람이 괴수 역할을 맡아 다른 사람을 해치려고 합니다. 잡힌 사람은 괴수에게 잡아먹힌다는 설정으로 이 놀이에서 탈락합니다. 그리고 시간 안에 모든 사람이 탈락

하면 괴수의 승리이고 시간이 지나도 남아 있는 사람이 있다면 그 사람이 승리하게 됩니다.

이 놀이 중에 괴수 역에 다가간 사람은 '습격당하는 척'을 하며 비명을 지르겠지요. 그렇다고 해서 괴수 역을 맡은 사람이 정말로 괴수가 되었다거나, 정말로 사람을 잡아먹는다고 착각하지는 않습니다. 자신이 의도적으로 비명을 지르는 것도 아닙니다. 오히려 '저 사람은 괴수이고 잡히면 잡아먹힐 거야'라는 규칙을 따르면서 자신도 모르게 비명이 터져 나오는 것입니다.

괴수 놀이에서 도망치는 사람은 괴수가 다가올 때 정말로 위험에 쫓기고 있다고는 생각하지 않습니다. 괴수 역할을 맡은 사람이 정말 괴수라고 생각하지 않기 때문입니다. 그러나 비명을 지를 때는 심장이 두근거리거나, 호흡이 가빠지거나, 몸이 굳어지거나 하지요. 즉 정말로 위험이 닥쳤을 때와 같은 신체 상태에 있게 됩니다. 그래서 자신도 모르게 비명을 지르거나 "무서웠어"라고 말하는 것입니다.

이것을 이해하기 위해서 감정에는 사고적 측면과 신체적 측면이 있다는 이야기를 떠올려야 합니다. 공포는 자기 몸에 위험이 닥치고 있다는 판단과 그 위험에 대처하기 위한 신체적인 행동(도망가거나 싸우는 등) 준비로 이뤄집니다. 이 점을 고려하면 괴수 놀이에서 도망치는 사람은 공포에 있어야 할 사고적 측면이 없으므로 정말로 무서워하는 것은 아니게 됩니다.

공포물을 감상하는 일도 마찬가지입니다. 감상자는 공포물을 감상하는 역할놀이에 참여한 것입니다. 그렇기에 감상자는 공포물이 허구라고 확신합니다. 자기에게 위험이 닥친다고 생각하지 않아서 무서워하지도 않습니다. 위험이 정말로 오고 있지 않다는 것을 알기에 공포물을 보는 도중에 도망치지도 않습니다.

그러나 감상자는 공포물 속에서 등장인물이 위험한 일에 처할 때 자신도 '습격당하는 척'을 합니다. 이로 인해 진짜 공포와 유사한 신체 상태가 됩니다. 신체 상태가 공포와 비슷한 상태가 되기에 감상자는 그것을 가리켜 '무서웠다'고 생각하는 것입니다.

역할놀이설에 대한 비판

이번에는 역할놀이설에 대한 비판을 들여다볼까요? 알기 쉬운 것은 공포물을 감상할 때 역시 진짜 공포가 생기는가 하는 것입니다. 감상자는 진짜 공포를 느꼈다고 말합니다. 그러나 역할놀이설에서는 진짜 공포가 아니라고 합니다.

바꿔 말해봅시다. 역할놀이설에서는 '내 마음의 상태는 이렇다고 생각한다(나는 공포를 느끼고 있다고 생각한다)'와 '당신의 마음 상태는 이렇습니다(당신은 공포를 느끼고 있지 않다)'라는 설명이 다릅니다. 이런 차이가 있으므로 역할놀이설은 적절하지 않다고 생각되는 것입니다.

여기서 철학의 전문 용어를 사용하여 문제를 바꾸어 말해봅시다. 자기 경험이나 마음의 상태를 스스로 관찰하는 것을 현상학이라고 합니다. 공포물을 감상하는 사람은 자신이 공포를 느끼는 것처럼 여기고 있지요? 현상학적으로는 공포가 생긴 것처럼 생각됩니다. 이에 반해 역할놀이설은 공포물을 감상하는 사람에게는 어떤 위험도 없으므로 공포는 생기지 않는다고 주장합니다. 그렇다면 역할놀이설은 현상학적으로 적절하지 않은 해석처럼 여겨질 수도 있습니다.

그러나 역할놀이설은 다음과 같이 답할 수 있습니다. 공포물을 감상한 사람에게 진짜 공포는 생기지 않지만, 그 사람은 공포와 유사한 신체 상태가 된다. 그리고 그 신체 상태는 진짜 공포와 똑같이 느껴질 것이다. 왜냐하면 감정에 동반하는 감각은 신체 반응을 느낀 것이기 때문이다(3강과 7강을 기억해봅시다). 그래서 역할놀이설은 현상학적으로 이상하지 않은 것입니다.

따라서 현상학의 반론은 그다지 설득력이 없습니다. 그러나 역시 진짜 공포가 생겼다고 생각하고 싶은 마음은 좀처럼 없어지질 않습니다. 다음으로 공포가 생긴다는 것을 지지하는 또 다른 입장을 살펴보겠습니다.

사고설:
떠올리면 무서워진다

마지막으로 ③을 부정하는 입장을 소개하겠습니다. ③은 '감정을 가지기 위해서는 그 감정의 대상이 현실에 존재한다고 믿어야 한다'입니다. 이에 대한 부정은 현실에 존재하지 않는다고 생각하는 대상에 대한 감정도 가질 수 있다는 것입니다. 대표적인 예는 미학자 노엘 캐럴이 제안한 '사고설'입니다. 이 입장의 핵심은 '믿는다'는 것과 '떠올린다'는 것을 구별하는 것입니다.

우선 '믿는다'는 것과 '신념'부터 설명하겠습니다. 철학이나 심리학에서는 '신념'이라는 말이 자주 등장합니다. 일상적인 의미의 '신념'은 '어떻게든 관철하고 싶은 중요한 생각'과 같은 의미이지만, 전문 용어로서의 '신념'은 '옳다고 생각되는 것' 정도의 의미입니다. '지구는 둥글다'는 것도 신념이고, '오늘은 맑다'는 것도 신념입니다.

그리고 신념은 옳음과 관계되는 마음의 상태라고 말합

니다. '신념은 올바름에 커밋한다'고도 합니다. 커밋commit은 적극적으로 관계한다, 가담한다, 책임을 진다는 의미입니다. 예를 들어 지금 비가 내린다고 믿을 때는 '실제로 비가 내리고 있다', '비가 내리고 있는 것이 옳다'고 생각합니다. 중요한 점은 옳지 않다고 생각하는 것을 믿는 일이 불가능하다는 것입니다.

물론 옳다고 여겨지는 것이 실제로 옳다고는 할 수 없습니다. '지금 비가 내린다'고 믿어도 실제로는 내리지 않았다면 그 신념은 틀렸다고 할 수 있습니다. 그래도 '지금 비가 내린다'고 믿는 사람은 정말로 지금 비가 내린다고 생각할 것입니다. 정말로 비가 내린다고 생각하지 않으면서 비가 내린다고 믿는 것은 불가능한 일이지요.

이에 반해서 사고설이 말하는 '사고', 바꾸어 말하면 '무언가를 떠올리는 상태'는 올바름과는 중립적인 관계로 여겨집니다. 비가 올지 안 올지 몰라도 '지금 비가 내리는' 상황을 떠올릴 수 있을 것입니다. 더욱이 '지금 맑다'고 믿으면서 '지금 비가 내리는' 상황을 떠올릴 수도 있습니다.

그리고 이런 의미의 사고도 감정을 일으킨다고 생각할 수 있습니다. 지금 바로 자신이 벼랑에서 떨어지는 상황을 떠올려봅시다. 이 책을 벼랑 끝에서 읽지 않는 한 실제로 떨어지는 일은 일어날 수 없습니다. 그래도 벼랑에서 떨어지는 상황을 떠올리는 것만으로도 심장이 두근거리거나, 호흡이 가빠지고, 근육이 긴장할 수 있습니다. '그런 상황이 되면 위험해'라고 판단할 수도 있습니다.

　그렇다면 이때 공포가 생긴다고 말할 수 없을까요? 지금 자신이 벼랑에서 떨어지는 일은 절대 없을 거라고 믿어도, 벼랑에서 떨어지는 상황을 떠올리는 것만으로 공포가 생기지는 않을까요?

　공포물을 감상하는 일도 마찬가지입니다. 공포물을 감상하는 사람은 괴물이 현실에 있다고 생각하지 않습니다. 어디까지나 허구라는 사실을 알고 있습니다. 그래도 괴물에게 습격당하는 상황을 떠올리면 공포가 생길 거라고 생각됩니다.

두 가지 역설을
함께 생각해보기

　역할놀이설과 사고설 중 어느 쪽이 옳을까요? 이 문제를 생각하기 위해서는 이전 강의에서 이야기한 부적 감정의 역설도 함께 생각해야 합니다.
　부적 감정의 역설은 '언뜻 보면 부적 감정을 불러일으킬 것 같은 일을 왜 자진해서 경험하는가'였습니다. 공포물의 경우라면 '보면 무서워할 텐데 왜 일부러 보는가'라고 할 수 있습니다.
　이전 강의에서는 이 역설을 해결하기 위해 소거법과 보상설을 소개했습니다. 소거법은 '실제로는 부적 감정은 없고 정적 감정밖에 경험하지 못한다'는 주장이었고, 보상설은 '부적 감정은 있지만, 그 감정 이상의 정적 감정이 있다'는 주장이었습니다. 두 가지 이론은 정말로 부적 감정이 발생하느냐로 대립하고 있습니다.
　여기서 주목해야 할 점은 역할놀이설과 사고설도 부적

감정이 있느냐로 대립한다는 점입니다. 역할놀이설은 감상자가 무서운 척을 하는 것뿐이고 진짜로 무서워하는 것은 아니라고 말합니다. 이에 반해 사고설은 현실이 아닌 상황을 떠올리는 것만으로 진짜로 무서움을 느낀다고 주장합니다.

그렇다면 역할놀이설은 소거법과 잘 맞지만, 보상설과는 잘 맞지 않습니다. 그리고 사고설은 보상설과 잘 맞지만, 소거법과는 잘 맞지 않습니다.

공포물은 허구이자 부적 감정을 생기게 합니다. 따라서 두 개의 역설은 모두 문제가 됩니다. 그렇다면 역할놀이설이 옳은지, 사고설이 옳은지를 판단하기 위해서는 소거법이 옳은지, 보상설이 옳은지를 생각해야 합니다.

여러분은 이전 강의에서 부적 감정의 역설에 대해 어느 쪽을 지지하셨나요? 그것을 바탕으로 역할놀이설을 지지할지, 사고설을 지지할지가 결정되겠네요. 반대로 허구의 역설에 대해서 생각한 결과, 부적 감정의 역설에 대한 답도 바뀔 수 있습니다.

14강

유머가 만드는 감정

예전부터 철학에서는 유머와 웃음을 다루어왔습니다. 플라톤, 아리스토텔레스, 홉스, 칸트, 쇼펜하우어, 베르그송 등 많은 철학자가 유머와 웃음에 관해 말했습니다. 현대에 와서는 심리학이나 신경과학의 관점에서 유머를 해석하려는 연구자들도 있습니다.

이번 강의에서는 다음을 이야기합니다.

첫째, 유머와 유쾌의 정의를 내리고, 유쾌한 감정을 더욱
    들여다봅니다.
둘째, 웃음의 역할과 기원을 알아봅니다.
셋째, 유머를 설명하는 몇 가지 이론을 소개합니다. 유명한
    이론으로는 불일치설이 있는데 단순한 불일치설은 그
    자체로는 유머를 설명하기에 충분하지 않습니다. 그래서
    불일치설에 다른 이론을 추가하여 유머를 설명합니다.

유쾌한 감정에 대해

유머와 유쾌

혼란을 없애기 위해 먼저 용어의 개념을 정리합시다.

우선 유머는 어떤 대상이 가진 특징입니다. 예를 들어 '유머러스한 그림'이라는 말은 그림에 유머가 있다는 의미입니다. 이것은 '빨간 상자'에서 상자가 빨간색을 가진다는 의미와 마찬가지입니다. 유머는 농담, 만화, 소설, 만담, 콩트, 연극, 음악, 행동 등 여러 가지에 존재하겠지요.

다음으로 '유머를 느낀다'는 말은 대상이 유머를 가지고 있는 것을 알게 된다는 의미입니다. 그것을 눈치챈 사람이 유머를 가지는 것은 아닙니다. 케이크의 달콤함을 느낄 때, 케이크를 먹은 사람 자체가 달콤해지지 않는 것과 같습니다. 이때는 케이크를 먹은 사람이 케이크가 달콤함을 가지고 있다는 것을 알 뿐입니다.

유머는 대상의 특징인데 그것을 느낀 결과, 느낀 사람에게 긍정적인 감정이 생깁니다. 케이크의 달콤함을 느낀 결과, 느낀 사람에게 긍정적인 감정이 생기는 것과 마찬가지입니다.

유머를 느끼는 것과 긍정적인 감정이 생기는 것을 구분한 이유는 한쪽이 발생해도 다른 한쪽이 없을 수 있기 때문입니다. 예를 들어 평상시라면 읽고 박장대소할 만화도 우울할 때는 전혀 웃음이 나지 않을 것입니다. 우울할지라도 그 만화의 유머러스한 부분을 설명할 수는 있지만, 이로 인해 긍정적인 기분이 되지는 않습니다. 달콤함도 마찬가지로, 케이크를 먹고 달콤함을 느끼더라도 우울한 기분이 강해서 긍정적인 감정이 생기지 않기도 합니다.

유머도 달콤함도 긍정적인 감정을 일으키지만, 완전히 동일한 감정이 생기지는 않습니다. 코믹 만화를 읽었을 때의 자신과 케이크를 먹었을 때의 자신을 비교해봅시다. 양쪽 모두 긍정적이지만 감정은 다르지 않나요? 케이크의 달콤함을 느낄 때는 달콤함에 황홀해지는데, 유머가 있는 코믹 만화를 볼 때는 소리를 내며 웃고 싶어집니다.

그렇다면 유머를 인지하여 발생하는 감정은 단순히 기분 좋음, 즐거움, 기쁨 등과는 어딘가 다르게 느껴집니다. 물론 유머를 인식할 때의 감정에는 즐거움이나 기쁨도 포함되어 있을 것 같지만, 즐거움이나 기쁨에 뭔가가 더해진 좀 더 복잡한 감정이라고 생각되지는 않나요?

그래서 여기서는 유머를 느껴서 발생하는 감정을 '유쾌'라고 부르기로 합시다. '유쾌'라고 하는 편이 '즐거움'이나 '기쁨'보다도 유머가 가진 익살스러움이나 우스움과의 관계를 잘 나타낼 수 있을 것 같습니다. 재미나 우스움이라고 해도 괜찮지만, 여기서는 '유쾌'로 통일하겠습니다.

무엇이 유쾌한가

지금까지의 이야기에 따르면 유쾌는 유머를 인식하는 감정이 됩니다. 다음으로 유머가 무엇인지 이해하기 위해 감정의 관점에서 생각해봅시다.

지금까지 감정은 가치에 대한 반응이라고 이야기했습니다. 우리는 뱀, 곰, 가파른 절벽, 경제 위기 등 다양한 것에 공포를 느낍니다. 그것들은 '위험을 가져온다'는 공통된 특징이 있습니다. 우리는 뱀이나 곰의 공격을 받거나 가파른 절벽에서 떨어지면 목숨을 잃을 가능성이 높습니다. 또한 경제 위기가 발생하면 우리의 수입이 줄어들어 생활에 위협이 됩니다.

중요한 것은 감정이 반응하는 가치가 색이나 형태처럼 알기 쉬운 지각적 특징이 아니라는 점입니다. 곰이나 뱀, 경제 위기와 공통되는 색이나 형태는 없습니다. 오히려 공포라는 감정은 그것들이 모두 위험하다는 점에 반응하고 있습니니다. 그렇다면 유쾌라는 감정이 반응하는 유머도 알기 쉬운 지각적 특징이 아닐 것입니다.

이 점을 더욱 이해하기 위하여, 예를 들어 유머러스한 목소리를 내는 법과 코믹한 그림을 비교해봅시다. 목소리는 일정한 음의 높이, 크기, 톤, 박자라는 특징이 있는데 그런 특징 중 어느 것과 유머를 동일시할 수 없습니다. 코믹한 그림도 유머의 속성이 있지만, 소리와 관련한 특징을 무엇도 가지고 있지 않기 때문입니다. 마찬가지로 그림이 가지는 특징의 어느 것(색, 형태, 크기, 표현 기법 등)과 유머를 동일시할 수도 없습니다. 유머러스한 목소리는 그런 시각적 특징을 가지고 있지 않기 때문입니다.

이처럼 유쾌가 인식하는 유머도 알기 쉬운 지각적 특징은 아닙니다. 역시 유머도 '위험'과 같은 수준인, 가치의 일종이라고 생각해야겠지요. 더욱이 유머에 반응하는 유쾌가 긍정적인 감정이므로 유쾌를 일으키는 유머는 어느 한 부분에서 긍정적인 가치라고 할 수 있습니다.

그러면 유머는 도대체 어떤 가치를 가지고 있을까요?

웃음과
커뮤니케이션

웃음의 중요한 역할

유머나 유쾌한 감정과 관계 깊은 행동은 누가 뭐라 해도 웃음입니다. 실제로 만담이나 콩트 등을 보고 유쾌함을 느낄 수 있는 것을 개그라고 합니다. 그래서 유머를 이해하기 위해서는 웃음의 행동을 이해해야 한다고 생각할 수 있습니다.

웃음이 유쾌한 감정과 꼭 연결되어 있는 것은 아닙니다. 오히려 웃음에는 유쾌함을 겉으로 드러내는 것보다 더 중요한 역할이 있다고 합니다. 이 점을 이해하기 위해서 심리학자 로버트 프로빈의 연구를 소개합니다.

프로빈은 사람이 어떤 상황에서 웃는지를 조사했습니다. 그 결과 재미있는 일이 일어난 후의 웃음은 사람이 웃는 경우의 20퍼센트 정도에 불과했습니다. 그 외의 대부분은 인사할 때와 같이 일상적인 상황에서 일어났습니다. 아마도 웃음은 자기가 유쾌함을 느낀 것의 표현이라기보다 타인과 원활한 의사소통을 하기 위해 작용하는 일이 더 많은 것 같습니다. 웃음을 통해 적의가 없음을 알려주는 것이지요.

이에 대응하도록 웃음에는 남녀의 차이가 있다고 합니다. 여성은 여성의 이야기를 들을 때보다 남성의 이야기를 들을 때 더욱 잘 웃는 경향이 있다고 합니다. 여기에는 선천적인 성별의 차이가 아니라 사회적인 역할(젠더)의 차이가 반영되었습니다. 사회적으로 약한 입장 쪽이 웃음으로 적의가 없는 것을 빈번하게 전해야 한다고 합니다(하루빨리 이런 상황이 개선되면 좋겠네요).

따라서 비율로 보면 웃음의 주요 역할은 유쾌함을 나타내는 행동이기보다는 사회적인 의사소통이라고 말할 수 있습니다. 코믹한 만화를 보고 자신도 모르게 웃음이 나올 때도 있지만, 우리의 웃음 대부분은 타인에게 적의가 없거나 신뢰하는 것을 알려주는 메시지가 되는 것 같습니다.

유머는 장난치며 노는 것에서 기원했다?

이처럼 현재 우리의 웃음은 사회적 메시지의 측면이 큰데 우리 선조들은 어땠을까요? 이에 관한 매우 흥미로운 연구가 있습니다. 바로 '쥐도 웃는다'는 연구입니다.

심리학자 자크 판크세프 연구팀의 연구에 의하면 실험실의 쥐는 다른 쥐들과 장난을 치거나 사람이 간지럽혔을 때 50킬로헤르츠^{kHz} 정도의 고주파로 웃음과 같은 소리를 낸다고 합니다. 또한 간지럼을 당한 쥐는 간지럽히는 손에 다가가려고 하거나, 젊은 쥐는 이 웃음과 같은 소리를 자주 내는 나이 든 쥐와 함께 있게 되었다고 합니다.

게다가 이 소리에는 긍정적인 감정을 일으키는 뇌 신경회로의 작용이 관여하고 있다고 합니다. 이 신경회로는 장난과 같은 놀이를 할 때 활성화되는데, 모든 포유류에서 공통되게 나타나는 작용입니다. 이런 연구에서 판크세프 연구팀은 서로 장난치며 노는 중에 발생하는 웃음이나 긍정적인 감정에는 동료 사이의 유대를 강화하는 작용이 있다고 생각했습니다.

이런 연구를 바탕으로 유머는 서로 장난치며 노는 것에서 기원했다고 주장하는 연구도 있습니다. 그 주장은 이렇습니다. 우리 선조인 포유류는 장난에 대해서 긍정적인 감정을 일으키는 신경회로를 갖고 있었습니다. 그리고 포유류가 진화함에 따라서 신경회로도, 그것이 일으키는 감정도 점점 복잡한 것으로 변화해갔습니다. 이에 따라서 긍정적인 감정을 일으키는 자극 역시 복잡해졌지요. 이런 변화가 쌓여가면서 현재의 우리는 유머라는 자극에 대해 유쾌라는 감정을 가지게 된 것입니다.

그렇다고 해서 인간의 웃음과 쥐가 내는 웃음과 같은

소리는 매우 다르기에 여기에 진화적인 연결을 생각할 수 없다는 연구자도 있습니다. 더욱 중요한 점은 우리의 웃음이나 유쾌의 진화적인 흐름을 지적하는 것만으로는 우리가 현재 유머라고 부르는 것에 대한 충분한 설명이 되지 않는다는 것입니다. 당연하겠지만, 유머러스한 농담이나 만담, 그림 등은 우리에게 물리적으로 접촉하여 장난치지 않습니다. 그래서 유머를 느끼는 능력의 기원은 장난에 관계한다고 주장해도(그 지적이 옳을 수도 있지만) 유머가 무엇인가에 대한 설명이 된다고는 할 수 없습니다.

그러면 현재 우리가 느끼는 유머란 무엇일까요? 이것을 설명하는 몇 가지 이론을 알아봅시다.

유머를 설명하는
몇 가지 주장

우월설

우월설은 토머스 홉스가 주장한 것으로 유명합니다. 우월설에 의하면 유쾌는 자신이 타인보다 낫다는 것을 인식했을 때의 기쁨입니다.

예를 들어 바나나 껍질을 밟고 미끄러져 넘어지는 것과 같은 타인의 멍청한 행동을 보고서 자기도 모르게 키득거린 적은 없나요? 또한 만화나 콩트를 보고 유쾌함을 느끼는 것은 그 등장인물이 뭔가 실수를 했을 때지요. 이렇게 멍청스러운 행동을 보고 우리는 '나라면 저런 행동을 하지 않을 텐데, 참 멍청하다'고 생각합니다.

우월설에서는 이처럼 자신이 더 낫다고 인식했을 때 유쾌해진다고 합니다. 그래서 유쾌함을 일으키는 유머는 자신이 타인보다 나은 상황이라고 생각할 수 있습니다. 자신이 더 낫다는 긍정적인 가치가 유머가 되는 것입니다.

그러나 우월설에 대한 분명한 반론이 있습니다. 예를 들어 어린아이는 어른보다 체력도 생각도 여러 가지로 뒤떨어지는데 아이의 뒤떨어짐을 인지했다고 해서 유쾌해지는 것은 아닙니다. 어린아이의 서툰 행동을 볼 때 유쾌함보다는 귀엽다고 생각하거나 걱정하는 사람이 많을 것입니다. 따라서 자신이 낫다고 인식한다고 해서 유쾌해지는 것은 아닙니다. 바꿔 말하면 자신이 낫다는 인식은 유쾌함을 일으키는 충분조건이 아닙니다.

더욱이 필요조건도 아닙니다. 즉 자기가 낫다는 인식이 없다고 해서 유쾌할 수 없는 것도 아닙니다. 예를 들어 재미난 농담을 들었을 때는 유쾌함을 느끼는 동시에 '나라면 저런 생각을 하지 못했을 거야'라고 생각합니다. 이때 농담을 말한 사람이 자신보다 낫다고 인식합니다.

물론 유쾌함을 느끼는 몇 가지 사례에는 자신이 우월한 위치에 있다는 인식이 동반합니다. 그러나 그런 인식이 있다고 해서 유쾌해지는 것도, 그런 인식이 없다고 해서 유쾌해지지 않는 것도 아닙니다. 따라서 자신의 우월한 위치와 유머를 동일시할 수 없습니다.

해방설

해방설은 철학자 허버트 스펜서나 정신분석의 창시자 지그문트 프로이트의 생각으로 유명합니다. 이 주장은 과하게 높아진 신경 에너지를 해방함으로써 유쾌나 웃음이 일어난다고 합니다.

해방설에서는 수압의 비유가 자주 사용됩니다. 밀폐된 용기나 파이프 안에서 수압이 높아졌을 때 파손을 막기 위해 안전밸브가 열리고 거기서 힘차게 물이 쏟아져 나옵니다. 해방설에서는 웃음을 이것에 빗대어 긴장으로 신경 체계에 쌓여 있던 에너지가 힘차게 해방되면서 유쾌나 웃음이 발생한다고 주장합니다.

그러면 유머는 지나치게 높아진 신경 에너지를 풀어주는 역할을 한다고 할 수 있습니다. 이렇게 유머는 긴장을 해방하는 긍정적인 가치가 됩니다.

이때 '긴장의 완화'를 떠올린 사람도 있을 것입니다. 이 말은 가미가타 만담(오사카와 교토를 중심으로 하는 지역에서 주로 하는 만담—옮긴이)의 명인인 가쓰라 신자쿠가 자신의 경험에서 찾아낸 법칙으로 유명합니다. 평소와 다른 일이 일어나서 생긴 긴장은 평소의 상황으로 돌아가면 완화됩니다. 이때 웃음이 생긴다고 합니다.

또한 이 설명은 음담패설이나 블랙 코미디에 잘 해당합니다. 성적인 농담이나 불건전한 이야기는 평소에는 쓰지 않는 말로 억압되어 있습니다. 그것이 해방되면서 웃음이 되는 것이 이런 종류의 농담이라고 생각할 수 있습니다.

그러나 요즘에는 해방설을 그다지 지지하지 않습니다. 그 이유 중 하나는 신경 에너지가 무엇인지 잘 알 수 없다는 점에 있습니다. 압력의 비유는 알기 쉽지만, 그것을 비유 이상으로 삼기에는 답해야 할 부분이 많습니다. 여기서 말하는 신경 에너지는 어떤 신경전달물질이나 전기신호와 동일시할 수 있을까요? 왜 그런 에너지가 굳이 모여서 쌓이는 걸까요? 해방설은 이런 의문에 적절한 답을 주지 못합니다.

긴장에서 해방되었다고 하여 반드시 유쾌해진다고도 할 수 없습니다. 예를 들어 집에 불이 나서 간신히 탈출했다고 합시다. 안전한 장소에 피난했을 때 공포나 패닉 같은 긴장에서 해방되었지만, 유쾌해지거나 웃음이 나지는 않습니다. 무사해서 다행이라며 안도하거나, 안전해지고 나서 비로소 눈물이 나기도 합니다.

해방설을 지지하는 사람은 이 반론에 대해 다음과 같이 말할지도 모릅니다. 화재에서 탈출했을 때의 마음 상태는 일상에서는 긴장의 해방이라고 말할 수 있어도 전문 용어인 '신경 에너지의 해방'과는 다른 것이라고 말입니다. 따라서 그것은 반론이 되지 못한다고 말이지요.

그러나 이렇게 답하기 위해서는 역시 모여서 쌓인 긴장과 그 해방이 무엇인지 구체적으로 설명할 수 있어야 합니다. 그렇지 않으면 해방설만으로는 설득할 수 없을 것입니다.

불일치설

많은 사람에게 지지받는 주장은 불일치설입니다. 이 이론에서는 칸트나 쇼펜하우어가 자주 거론되는데, 철학뿐만 아니라 심리학에서도 현대의 유머 연구에서 무언가의 형태로 불일치설이 받아들여지고 있다고 할 수 있습니다.

불일치설에 따르면 유머란 기대나 예측과 현실의 불일치입니다. 그 불일치를 인지했을 때 우리는 유쾌한 감정을 느낀다고 합니다.

이해하기 쉽지요? 만화나 코미디에서는 보통 사람이 하지 않는 행동을 하는 사람이 나옵니다. 그런 차이를 알아챘을 때 유쾌한 감정이 일어나는 것입니다. 기대를 저버리는 것이 유머이고 그것을 인지하면 유쾌함을 느끼게 됩니다.

불일치설은 우월설이 다루었던 상황도 설명할 수 있습니다. 어떤 행동을 한 사람이 어리석고 열등하다고 생각될 때는 '이 상황에서는 보통 이렇게 행동할 거야'라는 기대가 있었을 것입니다. 그런데 그것이 어긋나고 행동이 상황에 맞지 않아 실패할 때, 기대와의 불일치로 유쾌함이 일어나는 것입니다. 이 점을 고려하면, 우월설은 타인이 열등하다는 인식이 수반하는 불일치에 주목했다고 할 수 있습니다.

이런 점에서 불일치의 인식은 유쾌함이 생기기 위한 필요조건이라고 할 수 있습니다. 유머러스하기 위해서는 무언가의 불일치가 있어야 합니다.

그러나 불일치가 유머의 충분조건은 아닙니다. 불일치를 인식해도 유쾌함이 생기지 않을 수 있기 때문입니다. 예를 들어 다음 달에도 출근할 것을 기대했는데 갑작스럽게 해고를 통보받았을 때 기대와의 불일치가 일어납니다. 그러나 이때는 유쾌함이 아니라 오히려 분노나 슬픔과 같은 부정적인 감정이 일어납니다. 화를 내는 경우, 그 불일치는 자신에 대한 부당한 대우로 인식됩니다. 슬퍼질 경우, 그 불일치는 중대한 손실로 인식됩니다. 여기에 '앞으로 어떻게 살아가야 하나' 하고 불안이나 두려움을 느끼는 사람도 있을 것입니다. 그 사람은 불일치를 유쾌함이 아닌 위기로 인식하겠지요.

이처럼 불일치에는 부정적인 측면도 있습니다. 그러나 앞에서 말했듯이 유쾌는 긍정적인 감정이기에 그것이 인식하는 유머는 긍정적인 가치로 이해해야 합니다. 그래서 유머를 설명하려면 유머는 불일치라고 말할 뿐만 아니라, 어떤 점에서 그 불일치는 긍정적인 것이라고 해야 합니다.

그러면 어떤 불일치가 긍정적인 가치가 될까요? 마지막으로 긍정적인 가치가 되는 불일치를 검토해봅시다.

불일치를
더 들여다보기

내가 손해 보는 상황은 유쾌하지 않다

직장을 잃은 예를 보면 우선 불일치는 자신에게 손해가 없어야 한다는 점을 알 수 있습니다. 따라서 유머는 '무해한 불일치'라고 생각할 수 있습니다.

이 조건을 더하면 자신의 실패는 유쾌하지는 않아도 타인의 실패는 유쾌한 것이라 설명할 수 있습니다. 바나나 껍질을 밟고 미끄러진 사람이 나라면 아프고 창피해서 유쾌하지 않겠지요. 그러나 타인이 밟고 넘어지는 모습을 보면 자신은 안전한 상태이기에 불일치를 인지합니다.

간지럽히거나 장난을 칠 때의 웃음도 이처럼 설명할 수 있습니다. 간지럼은 타인이 신체를 자극한다는 점에서 공격적이고 침해라고 말할 수 있는 측면이 있습니다. 그러나 신뢰하는 사람의 간지럼은 해롭지 않습니다. 그래서 침해와 무해의 불일치가 유쾌함을 만들어낸다고 할 수 있습니다. 게다가 이런 점에서 간지럼 태워도 웃지 않는 경우가 설명됩니다. 친한 사람이 간지럼 태울 때는 무해한 공격의 불일치가 성립하지만, 신뢰하지 않는 사람이 간지럼 태울 때는 침해로 여겨져 유쾌하지 않습니다. 또한 자기가 자신을 간지럼 태워도 웃지 않는 것은 타인의 침해가 아니기 때문일 것입니다.

그뿐만 아니라 이 주장으로 매우 흥미로운 증례도 설명할 수 있습니다. 9강에서 통각마비인 사람은 바늘로 손을 찔러도 웃는다고 이야기했습니다. 그 경우, 평소라면 바늘로 신체를 찌르는 위해 행위가 뇌의 이상으로 위험으로 인식되지 않고 재미있다고 느껴지는 듯합니다.

불일치가 해결되면 유쾌함을 느낀다

또 다른 의견으로 무해함보다 적극적인 긍정을 강조하는 주장도 있습니다. 그것은 불일치가 해결될 때 유쾌해진다는 것입니다. 예를 들어 만담의 '생각에 잠김'(만담에서 잘 생각하지 않으면 그 의미를 모르는 것—옮긴이)을 들 수 있습니다.

어떤 남자가 신통한 점쟁이에게 아버지의 수명을 물어보니 "내일 아침 8시에 죽는다"고 했습니다. 그는 급히 아버지에게 그 이야기를 전했지만, 아버지는 전혀 믿지 않았습니다. 아침이 되고 아버지는 외출하기 위해 현관문을 열었는데 거기에 우유 배달원이 죽어 있었습니다.

여기서는 아버지가 죽는다는 점괘와 실제로 죽은 사람이 우유 배달원이라는 사실이 불일치됩니다. 그러나 남자의 진짜 아버지가 우유 배달원이었다는 사실을 깨달으면 점괘가 맞았다는 것으로 알고 불일치는 없어집니다.

반면에 갑작스럽게 직장을 잃은 예에서의 불일치는 아무것도 해결되지 않았습니다. '다음 달에도 일이 있을 거야'라는 기대는 그 마음을 저버린 채입니다.

게다가 불일치의 해결이라는 점에서 유머를 이해할 수 없는 사람이 있다는 점도 설명할 수 있습니다. 이 짧은 이야기를 듣고 유쾌해지기 위해서는 불일치는 사실 없었다는 점을 알아채야만 합니다. '잘 이해가 안 되는 이야기야'라고 생각하는 사람은 유머를 느낄 수 없을 것입니다.

이처럼 불일치가 해결되었을 때 유쾌함이 발생한다고 주장하는 입장을 '불일치 해결설'이라고 합니다. 불일치 해결설은 불일치설 중에서도 매우 인기 있는 주장입니다.

그런데 불일치의 해결이 왜 긍정적인 가치를 가질까요? 이에 대해서 매튜 헐리 연구팀은 '오류 검출에 대한 보상'이라는 이론을 제안했습니다. 즉 어느새 만들어진 잘못된 고정관념이나 사고를 발견하고 그것을 제거한 보상으로 긍정적인 감정이 발생한다는 이론입니다. 그리고 잘못된 것을 제거하여 보상이 주어지는 구조는 진화의 산물로 갖춰졌다고 합니다.

이것은 달콤함을 느끼는 일과 같이 이해할 수 있습니다. 우리가 단 음식을 좋아하는 이유는 그 달콤함을 느낌으로써 긍정적인 감정을 얻을 수 있기 때문입니다. 한편 단 음식은 대부분 열량이 높아서 섭취하면 많은 에너지를 얻을 수 있습니다. 그렇다면 우리는 열량이 높은 음식을 섭취하면 긍정적인 감정이 보상으로 주어지는 구조를 가지게 됩니다. 이 구조가 있으면 높은 열량의 음식을 원하게 되고 이것은 살아가는 데 도움이 됩니다. 인간은 그런 구조를 진화로 획득한 것입니다.

유머에 대한 유쾌한 감정도 마찬가지입니다. 우리는 불일치를 발견하고 실수를 바로잡으면 긍정적인 감정이 보상으로 주어지는 구조를 가집니다. 이로써 어느새 만들어진 잘못된 행동을 수정하는 것이 권장되어 사는 데 도움이 됩니다. 인간은 이런 구조를 진화로 획득했다고 생각됩니다.

여기서 소개한 '무해한 불일치설'과 '불일치 해결설' 외에도 불일치에 다른 생각을 조합하여 유머를 설명하려는 이론도 있습니다. 불일치설만큼 인기는 없지만 우월설이나 해방설을 개선한 이론을 제안한 연구자도 있습니다. 아직 유머가 무엇인지 완벽하게 해명되지는 않았지만, 이번 기회로 현재의 연구 상황을 대략 전달할 수 있었다고 생각합니다.

15강

마지막 강의

마지막 강의에서는 보통 총정리나 시험을 보기 마련입니다. 감정이란 이런 것이다, 이런 특징이 있다, 이런 이야기를 나눴다 같은 내용을 다루지요. 그런데 각각의 내용은 바로 찾아볼 수가 있습니다. 목차를 보거나 각 강의의 시작 부분을 보면 대략 무슨 내용인지 기억날 것입니다.

그러므로 여기서는 전체적인 내용을 다시 훑어보기보다는 지금까지 고찰한 것이 일상생활에 어떻게 도움이 되는지 생각해보려고 합니다. 그래서 여기서 하고자 하는 이야기는 감정의 통제입니다.

감정을
다스리는 일

 감정에 관한 강의를 하면 종종 "어떻게 하면 감정을 통제할 수 있나요?"라는 질문을 듣곤 합니다. 감정에 흥미를 갖게 된 계기 중 하나는 오랫동안 슬픔이 지속되어 괴롭다든가, 화를 참지 못하고 행동해서 낭패를 봤다든가 하는 경험 때문이겠지요. 그래서 감정을 공부하면 감정을 통제할 수 있다고 생각하지는 않았나요?
 이 책에서 다룬 내용을 보면 감정을 다스리기 위한 힌트를 몇 가지 얻을 수 있습니다. 감정에는 신체적 측면과 사고적 측면이 있다고 했습니다. 그러면 어느 쪽 측면을 통제하면 감정을 다스릴 수 있다고 볼 수 있을 것입니다.
 먼저 신체적 측면부터 생각해봅시다. 분노를 느낄 때는 미간에 주름이 잡히거나 이를 악물거나 주먹을 꽉 쥐는 등 신체에 근육의 긴장이 일어납니다. 이런 신체 반응은 분노를 만드는 하나의 요소였습니다.

그렇다면 이런 긴장을 물리적으로 해소하면 분노 또한 어느 정도 진정될 것입니다. 흔한 방법으로는 심호흡이나 마사지, 반신욕 등을 하면 효과가 있습니다. 어쨌든 중요한 점은 신체 반응은 감정의 한 부품으로 되어 있으므로 어떤 물리적 수단으로 신체 반응을 변화시키면 감정도 변화한다는 것입니다.

감정의 또 다른 측면인 사고를 바꿔도 감정을 바꿀 수 있습니다. 분노를 느낄 때는 자기가 부당한 대우를 받은 일에 사고의 초점이 맞춰집니다. 그렇다면 분노를 억누르기 위해서는 부당한 대우를 향한 초점에서 벗어나면 된다고 생각합니다. 즐거웠던 일을 생각하거나 음악이나 영화에 집중하거나 퍼즐을 풀기 위해 생각하는 힘을 써도 좋겠지요. 혹은 쓸데없는 생각을 하지 않도록 운동을 하는 것도 효과적일 것입니다. 중요한 점은 감정의 사고적 측면이 인식하는 가치를 다른 것으로 바꿀 수 있도록 하는 것입니다.

또한 감정의 사고적 측면이 고도의 사고나 문화에 의존한다는 점에서도 감정을 다스리는 힌트를 얻을 수 있습니다. 분노는 자신이 받은 부당한 대우에 사고의 초점이 맞춰져 있는데 이 책에서 말했듯이 무엇이 부당한 취급인지는 자신이 속한 공동체의 가치관에 의해 좌우됩니다. 윗사람은 상석에 앉고 아랫사람은 말석에 앉는 것을 중요하게 여기는 공동체에 속해 있다면 앉는 순서를 실수한 사람에게 화가 납니다. 하지만 그 가치관을 받아들이지 않는다면 앉는 순서는 중요하지 않습니다.

앉는 순서를 중요하게 생각하는 가치관을 가진 사람도 있고 그 가치관을 따르지 않는 사람도 있다고 이해한다면, 앉는 순서의 실수에 대해 관대해질 수 있습니다. 다른 가치관을 가진 사람의 가치관으로 보면 부당한 행동도 부당하게 보지 않을 수 있지요.

이외에도 유사한 예는 많이 있습니다. 문화나 종교가 다르면 옳고 그름의 가치관도 다릅니다. 또한 같은 가치관을 가진 공동체 안에도 더욱 세세한 수준에서 다른 가치관을 가진 작은 공동체가 여럿 있습니다. 다른 사람과 공유할 수 없는 가치관도 있을 수 있습니다.

중요한 점은 나와 다른 가치관을 가진 사람도 있다고 이해하는 것입니다. 자신의 가치관이 유일무이하다고 생각하면 그것에 어긋나는 타인의 행동이 모두 부당하게 보입니다. 그러나 타인과 내가 가치관이 다른 것을 이해하면 함부로 부정적인 감정을 가지는 일을 피할 수 있습니다.

물론 부정적인 감정을 가져야 할 때도 있습니다. 부정적인 감정은 무언가를 피하기 위한 행동이나 자신을 부정적으로 만드는 것에 대한 저항을 촉구합니다. 자신의 생활이나 생명을 나쁜 쪽으로 이끄는 것에는 저항해야 하지요. 그러나 저항하려면 시간이나 노력이 듭니다. 그러니 함부로 부정적인 감정을 가지면 시간이나 노력을 낭비하게 됩니다.

그런 일을 피하기 위해서는 중요한 가치와 그렇지 않은

가치를 나누어 해당 지식을 얻거나 가치에 대해 다시 생각해봐야 합니다. 인정해도 좋은 것과 빼서는 안 되는 것을 구별하려면 어떤 가치관이 있는지, 그것을 받아들여도 좋은지, 자신에게 무엇이 중요한지 등을 생각해야 할 것입니다.

    이처럼 감정에는 지식이나 사고가 반영되어 있습니다. 감정은 '머리를 쓰는' 지식이나 사고와 다르다고 많이들 생각하지만, 그 생각은 잘못된 것입니다.

도움이 될 만한
읽을거리

　이 책을 읽은 후에 읽으면 더 좋을 책을 몇 권 소개하려고 합니다. 감정은 예전부터 철학에서 다루어지고 있었고 관련 고전도 많이 있습니다. 하지만 고전은 다른 책에서도 자주 소개되므로 여기서는 가능한 한 새로운 책을 소개하도록 하겠습니다.

① **제시 프린츠의 《본능적 반응Gut Reactions》**
　제가 쓴 이번 책의 앞부분에서 많이 참고한 책입니다. 더 세세한 부분까지 알고 싶거나 궁금한 점이 있는 분은 꼭 읽기를 바랍니다. 현대의 철학에서는 마음의 과학을 알지 못하면 마음에 대한 철학적인 사고를 할 수 없습니다. 이 책을 비롯해 저자의 연구 방침은 과학을 이용한 철학의 표본이라고 할 수 있습니다.

② 오히라 히데키大平英樹의《감정심리학 입문感情心理学入門》

감정의 철학에 흥미가 있는 사람도 감정의 과학을 어느 정도 알아둬야 합니다. 따라서 감정 심리학의 연구를 포괄적이면서도 간결하게 소개하는 이 책을 추천합니다. 앞에서 다루지 못한 감정과 언어, 감정과 병리, 감정과 건강에 관한 이야기를 다룹니다.

③ 우메다 사토시梅田聡와 고지마 쇼조小嶋祥三의《감정, 제임스/캐논/다마지오感情ジェームズ/キャノン/ダマシオ》

앞에서 감정의 신체적 측면을 강조한 윌리엄 제임스와 그의 이론에 대한 비판, 제임스의 이론을 신경과학에서 부활시킨 다마지오의 견해를 몇 번 소개했습니다. 이 책에는 감정의 신체성에 관한 중요 문헌과 해설이 정리되어 있습니다.

④ 리사 펠드먼 배럿의《감정은 어떻게 만들어지는가How Emotions Are Made》

매우 흥미로운 책인데 감정에 대해 어느 정도 알고 나서 읽는 편이 좋습니다. 감정 연구에서 교과서적으로 여겨지는 견해들을 차례차례로 뒤집는 것을 보면 몹시 짜릿합니다. 물론 앞에서 제가 언급했던 이야기도 뒤집습니다. 그러나 표준 견해들이 뒤집히는 모습에 재미를 느끼기 위해서는 우선 표준 견해들이 무엇인지를 이해해야 합니다.

⑤ 우에하라 료植原亮의《자연주의 입문自然主義入門》

10강과 11강에서 이중 과정 이론으로 감정과 이성의 차이를 설명했는데, 그 바탕이 된 책입니다. 이 책은 제목처럼 과학을 이용하여 철학적 고찰을 하는 철학적 자연주의의 입문서이기도 합니다.

⑥ **노부하라 유키히로**^{信原幸弘}**의 《정서의 철학 입문**^{情動の哲学入門}**》**

앞에서 이야기한 '가치를 인식하는 마음 작용에서의 감정'이라는 관점에서 도덕의 기초에는 감정이 있다는 주장이 발전되었습니다. 게다가 감정 노동이나 인생의 의미 등 흥미로운 주제도 다룹니다.

⑦ **도다야마 가즈히사**^{戸田山和久}**의 《호러 사피엔스》**

먼저 소개한 프린츠의 책이 잘 정리되어 있습니다. 이 책을 바탕으로 12강과 13강에서 부적 감정의 역설과 허구의 역설을 이야기했습니다. 게다가 철학의 관점에서 분석한 공포 영화의 평도 풍부하게 실려 있습니다.

⑧ **겐카 도루**^{源河亨}**의 《지각과 판단의 경계선**^{知覚と判断の境界線}**》**

음악 미학에 흥미가 있는 사람에게 소개합니다. 12강에서 슬픈 선율은 들으면 슬퍼지는 멜로디가 아니라고 설명했는데 이 책에서 그 내용을 더 자세하게 설명합니다. 또한 '이 곡은 역동적이다'와 같은 미적 판단에는 감정이 관계하고 객관성이 있다고 주장합니다.

⑨ **기무라 사토루**^{木村覚}**의 《웃음의 철학**^{笑いの哲学}**》**

14강에서 다룬 유머에 관해 추천하는 책입니다. 앞에서는 유머의 구체적인 예를 거의 들지 않았는데 그 점이 불만이었던 분은 꼭 읽으면 좋겠습니다.

마지막으로 이 책에서 가장 강조하고 싶었던 것을 이야기하고자 합니다. 서두에서 말했듯이 감정은 인간의 생활

중심에 있고, 그렇기에 감정은 인간을 대상으로 하는 모든 학문에서 연구됩니다. 이 책은 철학을 중심으로 다양한 각도에서 감정을 다루었는데, 여기서 이해한 지식은 철학 이외의 감정 연구에도 응용할 수 있을 것입니다. 이 책에서 이해한 것을 일상생활에 적용한다면 넘쳐나는 다양한 감정을 새로운 관점에서 바라볼 수 있습니다. 그 지식이 다양한 상황에서 사용될 수 있다면 참 좋겠습니다.

에필로그

　프롤로그에서도 말했듯이 이 책은 제가 최근 몇 년간 여러 대학에서 강의한 감정의 철학을 정리한 것입니다. 강의 내용을 이렇게 한 권의 책으로 엮은 계기는 신종 코로나바이러스의 유행으로 대학이 폐쇄되고, 모든 강의가 비대면으로 전환되었기 때문입니다. 이 책은 학생이 혼자서 읽고 이해할 수 있도록 만든 온라인 수업 자료가 바탕이 되었습니다. 학생들이 수업 자료에 대한 궁금증과 질문의 댓글들을 여러 개 달았고, 수업 자료를 책으로 쓸 때 그 댓글들이 많은 도움이 되었습니다. 학생 여러분이 대학 생활을 즐기지 못하고 혼자 컴퓨터 앞에 앉아 수업을 듣는 매우 스트레스 가득한 환경에서도 수업 자료를 읽고 댓글을 달아주어 매우 고마울 따름입니다. 마지막으로 이 책의 기획과 편집을 담당한 무라카미 아야 씨, 교정 작업을 담당한 오자와 다카시 씨에게 감사의 마음을 전합니다.

참고 문헌

雨宮俊彦 (2016).《笑いとユーモアの心理学:何が可笑しいの?》, ミネルヴァ書房.

伊勢田哲治 (2005).《哲学思考トレーニング》, 筑摩書房.

乾敏郎 (2018).《感情とはそもそも何なのか》, ミネルヴァ書房.

植原亮 (2017).《自然主義入門: 知識・道徳・人間本性をめぐる現代哲学ツアー》, 勁草書房.

植村玄輝・八重樫徹・吉川孝・富山豊・森功次 (2017).《現代現象学－経験から始める哲学入門》, 新曜社.

ウォルトン・ケンダル (2015).〈フィクションを怖がる〉, 森功次訳, 西村 清和編・監訳《分析美学基本論文集》, 勁草書房, p.310-334.

大平英樹 (2010).《感情心理学・入門》, 有斐閣アルマ.

越智啓太 (2016).〈恋の吊り橋実験がうまくいく条件とは〉, 越智啓太編著《心理学ビジュアル百科:基本から研究の最前線まで》, 創元社, p.166-167.

柏端達也 (2017).《現代形而上学入門》, 勁草書房.

桂枝雀 (1993).《らくごDE枝雀》, 筑摩書房.

金杉武司 (2007).《心の哲学入門》, 勁草書房.

北村英哉, 大坪 庸介 (2012).《進化と感情から解き明かす 社会心理学》, 有斐閣アルマ.

木村覚 (2020).《笑いの哲学》, 講談社選書メチエ.

源河亨 (2017).《知覚と判断の境界線:「知覚の哲学」基本と応用》, 慶應義塾大学出版会.

源河亨 (2019).《悲しい曲の何が悲しいのか:音楽美学と心の哲学》, 慶應義塾大学出版会.

児玉聡 (2012).《功利主義入門―はじめての倫理学》, 筑摩書房.

ジェームズ・ウィリアム (2020).〈情動〉, 梅田 聡, 小嶋 祥三監修《感情 ジェームズ/キャノン/ダマシオ《名著精選》心の謎から心の科学へ)》, 岩波書店, p.33-102.

鈴木生郎, 秋葉剛史, 谷川卓, 倉田剛 (2014).《ワードマップ現代形而上学: 分析哲学が問う, 人・因果・存在の謎》, 新曜社.

鈴木貴之 (2015).《ぼくらが原子の集まりなら、なぜ痛みや悲しみを感じるのだろう: 意識のハード・プロブレムに挑む》, 勁草書房.

鈴木真 (2020).〈道徳の実験哲学1―規範論理学〉, 鈴木 貴之編著,《実験哲学入門》, 勁草書房, p.115-137.

立川談志 (2011).《現代落語論》, 三一書房.

戸田山和久 (2014).《哲学入門》, ちくま新書.

戸田山和久 (2016).《恐怖の哲学 ホラーで人間を読む》, NHK出版新書.

川合伸幸 (2016).《コワイの認知科学. (認知科学のススメ).》, 新曜社.

信原幸弘 (2014).〈他者理解 共感とミラーニューロン〉, 信原幸弘・太田紘史編著《シリーズ 新・心の哲学I 認知篇》, 勁草書房,p.131-175.

信原幸弘 (2017).《情動の哲学入門: 価値・道徳・生きる意味》, 勁草書房.

吉田伸夫 (2018).《科学はなぜわかりにくいのか ― 現代科学の方法論を理解する》, 技術評論社.

Arntz, A. (1993). "Endorphins stimulate approach behaviour, but do not reduce subjective fear. A pilot study", *Behaviour research and therapy*, 31(4), 403-405.

Carroll, N. (1990). *The philosophy of horror: Or, paradoxes of the heart*, Routledge.

David J. (2010). *Chalmer The Character of Consciousness* (Philosophy of Mind), Oxford University Press.

Dutton, D. G., & Aron, A. P. (1974). "Some evidence for heightened sexual attraction under conditions of high anxiety", *Journal of personality and social psychology,* 30(4): 510-517.

Elster, J. (1999). *Strong feelings: Emotion, addiction, and human behavior*, A Bradford Book.

Fischman, M. W., & Foltin, R. W. (1992). "Self-administration of cocaine by humans: a laboratory perspective", In *Cocaine: scientific and social dimension*, Ciba Foundation Symposium 166, chichester: Wiley: 165-180.

Sterelny, Kim (2012). *The Evolved Apprentice: How Evolution Made Humans Unique* (Jean Nicod Lectures), MIT Press.

Lazarus, R. S. (2006). *Stress and emotion: A new synthesis,* Springer publishing company.

Lazarus, R. S., & Alfert, E. (1964). "Short-circuiting of threat by experimentally altering cognitive appraisal", *Journal of Abnormal and Social Psychology*, 69: 195-205.

Matthew M. Hurley, Daniel C. Dennett, & Reginald B. Adams Jr. (2011). Inside Jokes: *Using Humor to Reverse-Engineer the Mind,* The MIT Press.

Panksepp, J., & Burgdorf, J. (2003). ""Laughing" rats and the evolutionary antecedents of human joy?", *Physiology & behavior,* 79: 533-547.

Paul, E., & Friesen Wallace, V. (1975). *Unmasking the face: a guide to recognizing emotions from facial clues*, Prentice-Hall.

Plutchik, R. (2001). "The nature of emotions: Human emotions have deep evolutionary roots, a fact that may explain their complexity and provide tools for clinical practice", *American scientist*, 89: 344-350.

Prinz, J. J. (2004). *Gut reactions: A perceptual theory of emotion,* Oxford University Press.

Robert R. Provine. (2012). *Curious Behavior: Yawning, Laughing, Hiccupping, and Beyond*, Belknap Press: An Imprint of Harvard University Press; Sew edition .

Schachter, S., & Singer, J. (1962). "Cognitive, social, and physiological determinants of emotional state", *Psychological review*, 69(5): 379-399.

Strack, F., Martin, L. L., & Stepper, S. (1988). "Inhibiting and facilitating conditions of the human smile: a nonobtrusive test of the facial feedback hypothesis", *Journal of personality and social psychology*, 54: 768-777.

대니얼 카너먼 (2018). 《생각에 관한 생각》. 이창신 역. 김영사.

데이비드 J. 린든 (2018). 《터치》. 김한영 역. 교보문고.

딜런 에번스 (2002). 《감정》. 임건태 역. 이소출판사.

빌라야누르 라마찬드란, 샌드라 블레이크스리 (2015). 《라마찬드란 박사의 두뇌 실험실》. 신상규 역. 바다출판사.

안토니오 다마지오 (2017). 《데카르트의 오류》. 김린 역. NUN.

일레인 폭스 (2013). 《즐거운 뇌, 우울한 뇌》. 이한음 역. 알에이치코리아.

조슈아 그린 (2017). 《옳고 그름》. 최호영 역. 시공사.

조지프 르두 (2006). 《느끼는 뇌》. 최준식 역. 학지사.

폴 에크먼 (2020). 《표정의 심리학》. 허우성·허주형 역. 바다출판사.

(국내에 번역된 책은 번역서명으로 표기함.)

위태로운 감정을 다스리는
삶을 위한 안내서

초판 1쇄 발행 2025년 06월 25일

지은이 겐카 도루
옮긴이 박은주
펴낸이 김상현

콘텐츠사업본부장 유재선
출판1팀장 전수현 **책임편집** 전수현 **편집** 주혜란 심재헌
디자인 김예리 권성민 **마케팅** 이영섭 남소현 최문실 김선영 배성경
미디어사업팀 김예은 김은주 정영원 정하영
경영지원 이관행 김준하 안지선 김지우

펴낸곳 (주)필름
등록번호 제2019-000002호 **등록일자** 2019년 01월 08일
주소 서울시 영등포구 영등포로 150, 생각공장 당산 A1409
전화 070-4141-8210 **팩스** 070-7614-8226
이메일 book@feelmgroup.com

필름출판사 '우리의 이야기는 영화다'

우리는 작가의 문체와 색을 온전하게 담아낼 수 있는 방법을 고민하며 책을 펴내고 있습니다.
스쳐가는 일상을 기록하는 당신의 시선 그리고 시선 속 삶의 풍경을 책에 상영하고 싶습니다.

홈페이지 feelmgroup.com **인스타그램** instagram.com/feelmbook

© 겐카 도루, 2025

ISBN 979-11-93262-59-7(03100)

- 이 책 내용의 일부 또는 전부를 재사용하려면 반드시 필름출판사의 동의를 얻어야 합니다.
- 책값은 뒤표지에 있습니다. 잘못 만들어진 책은 구입처에서 교환해 드립니다.

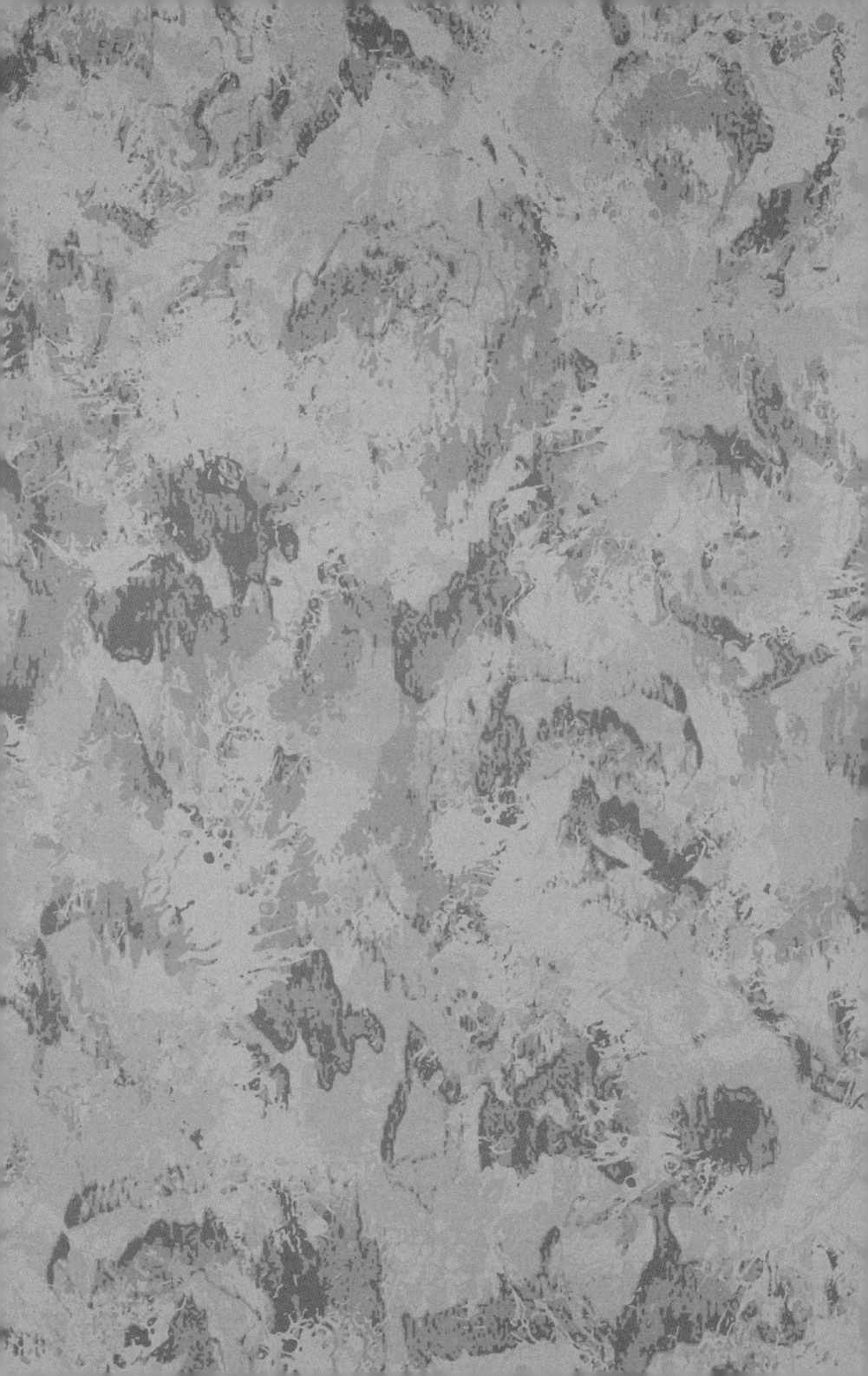

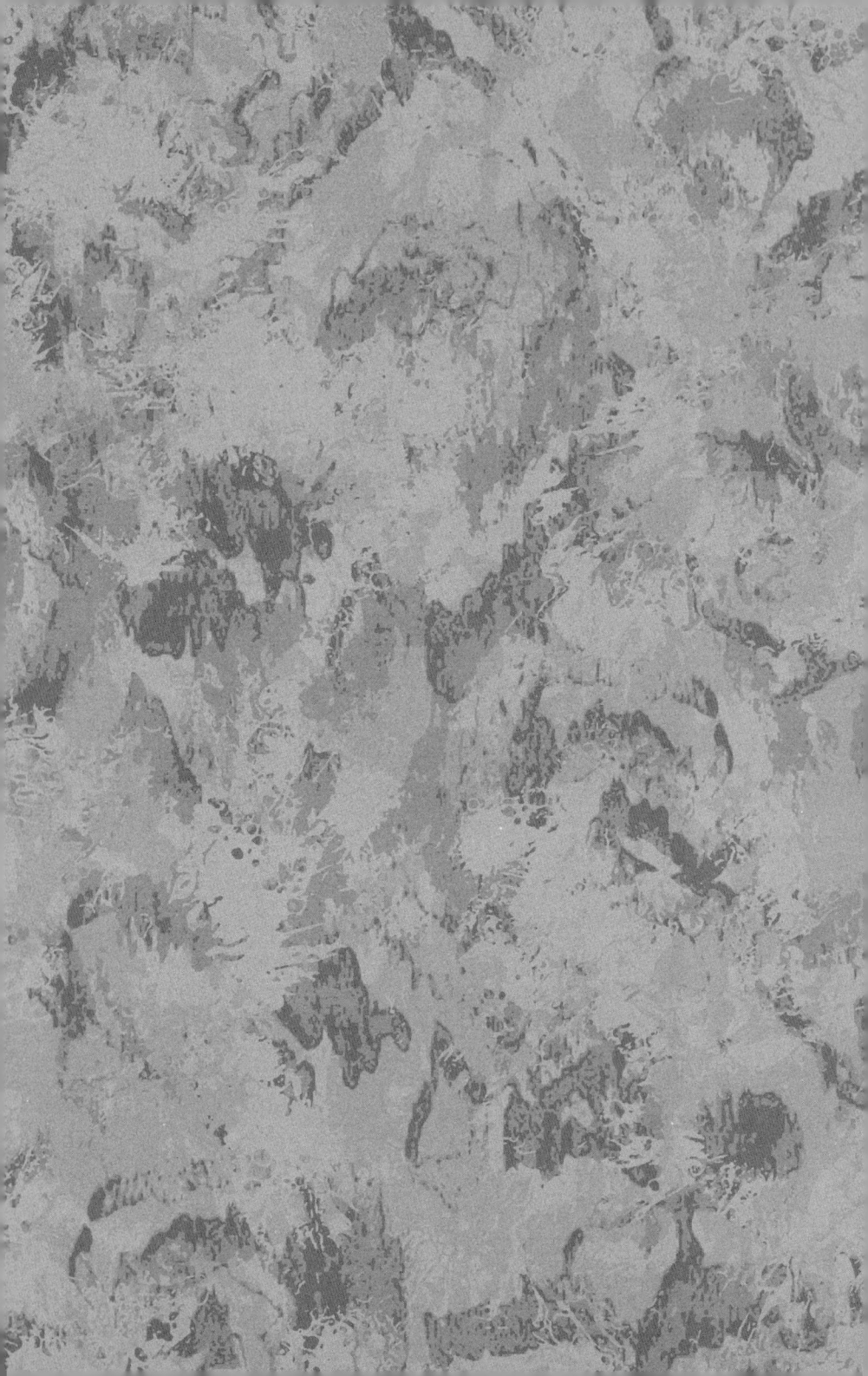